U0641229

创新创业新思维

刘怡　乔岳——

著

山东教育出版社
·济南·

图书在版编目（CIP）数据

创新创业新思维 / 刘怡，乔岳著 . — 济南：山东
教育出版社，2022.2
ISBN 978-7-5701-1948-6

Ⅰ.①创… Ⅱ.①刘… Ⅲ.①大学生 – 创业 – 高等
学校 – 教材 Ⅳ.①G647.38

中国版本图书馆CIP数据核字（2021）第278510号

CHUANGXIN CHUANGYE XIN SIWEI

创新创业新思维

刘怡 乔岳 著

主管单位：山东出版传媒股份有限公司
出版发行：山东教育出版社
　　　　　地址：济南市市中区二环南路2066号4区1号　　邮编：250003
　　　　　电话：（0531）82092660　　网址：www.sjs.com.cn
印　　刷：山东新华印务有限公司
版　　次：2022年2月第1版
印　　次：2022年2月第1次印刷
开　　本：710毫米×1000毫米　1/16
印　　张：11.75
字　　数：175千
定　　价：58.00元

（如印装质量有问题，请与印刷厂联系调换）印厂电话：0538-6119360

前言

　　21 世纪以来，在技术进步的推动下，全球商业领域发生了巨大的变化，其显著趋势有两点，一是创新型创业企业的兴起，二是数字经济对企业的重构，二者互相交织、互相影响。在我国，创新创业正成为新的时代潮流，它的发展历程激发了社会活力，释放了创造潜力，成为经济发展新的增长极；新产业、新模式、新业态层出不穷，也为企业运营带来了巨大的挑战。

　　关于创新创业的研究与教学，我们主要关注三个层面的问题。第一个层面可以称为对"创业单元"的关注，即以个体创业者和创业团队为主体的研究。第二个层面可以称为对"创业组织"的关注，主要侧重于从组织层面研究创业企业的形成和发展以及相关的组织结构更新和企业文化变迁。第三个层面可以称为对"创业环境"的关注，研究视角集中于技术条件、经济环境、政策变化等外部环境对创新创业的影响。一本全面的创新创业教材，应横跨这三个层面，整体把握创新创业的智慧。

　　《创新创业新思维》是根据我们过去四年的企业孵化实践笔记和 MBA 授课内容整理而成。本书有两个目的，一是系统性地向读者介绍创新创业的基本知识，二是为创业实践提供直接的帮助，成为创业者的"工具书"。基于这两个目的，我们将全书的内容分为三个部分，即创业起步（创业准备）、创业上路（企业运营）、创业成功（企业成长与发展），分别针对创业企业"从 0 到 1""从 1 到 10""从 10 到 1000"三个成长阶段所面临的理论与管理问题，系统地介绍了符合中国经济特点的创业策划和管理体系，具体包括创新创业基础理论、创业机遇诊断、创业策划、企业文化构建、人力资源管理、会计与财务管理、风险管控、企业成长和运营等内容。

与传统的创新创业教材略有不同，本书结合中外创业智慧和创新创业思维，提出企业运营要与外部环境建立动态的平衡关系，在创业的过程中，任何管理环节的纰漏，都将导致整体创业的失败。因此，本书先后从构想、创意、策划和运营四个环节，为企业和个人等主体在创业和运营过程中可能遇到的问题提供完善、修复和解决的参考。

在百年未有之大变局的今天，创新创业有着自己独特的使命和价值。创新创业的核心不在于"知"而在于"行"，这一点与彼得·德鲁克的观点不谋而合。我们期待本书能够为现实世界中的创新创业者提供一些参考。

目录

第一部分　创业前：创业起步

创业准备

第1章　创新创业概述

第1节　创新

一、引言

随着我国经济改革进入深水区，市场呈过度竞争状态，在商业环境愈发复杂和不确定的趋势下，"创新"在当今经济、社会等诸多领域蔚然成风。无论中资、外企，不管国企、民营，乃至非营利性组织都在极力"拥抱"创新，或将之当作宣传口号，或将之写进自己的使命宣言。对创新的理解，各机构千差万别，但有一些认识应该是共通的。首先，我们绝不能将一项新颖巧妙的创意或发明等同于创新，前者是在发散性思维下"道生一"式的突破，而创新是"三生万物"般赢得市场。其次，创新不是仅发生在高科技产业领域，创新机遇常常根植于"低科技"甚至"零科技"的广博经济里，蕴藏在不协调、偏离常规的事务中。再次，提出新概念、开创一项新事业不可与创新混为一谈。

二、创新的概念、类型

管理学之父彼得·德鲁克提出，创业家精神的本质就是有组织、有目的地系统创新。[①]商业创新，其核心就在于为目标顾客创造出新的价值，即进一步

---

① 彼得·德鲁克：《创新与企业家精神》，蔡文燕译，机械工业出版社，2014。

提高顾客的感知价值。一款新产品、一项新服务、一种新体验的推出，流程、机制的改进等，只要满足了顾客现有或潜在的有效需求，解决了客户所面临的问题，创造了全新的顾客满意度，都可被视为创新。同样，服务机制创新对于非营利性组织而言意义非凡。一般来说，商业创新可大致分为三类：一是供给层面的创新——即产品、服务或体验上的创新；二是经营管理层面的创新——即价值链所涉及的各种技能与活动的创新，如技术、品牌、渠道、商业模式创新等；三是需求层面的创新——即社会、市场、消费者行为、顾客感知价值的创新。

三、创新研究的简单历程

经济领域中的创新与创业家密不可分，而创新理论首见于 1912 年经济学家约瑟夫·熊彼特所著的《经济发展理论》[①]一书。约瑟夫·熊彼特提出了"创造性破坏"的概念，将创业家视为创新的主体，即创新过程中的组织者和推进人，并强调创业家正是通过创造性破坏市场均衡来攫取超额收益。此外，约瑟夫·熊彼特还提出了创新的五种形式：新产品、新市场、新技术、新原材料供给、新组织结构及新管理模式。彼得·德鲁克在其著作《成果管理》[②]中谈及，基于创造顾客，企业具备两项基本职能，即营销和创新；同时，他在《创新与企业家精神》一文中写道，正如管理成为当代所有组织的特定器官一样，创新与创业也该成为当今社会、经济和组织维持生命力的主要活动。

四、创新机遇的七大来源与基本原则

创新可以是一门伟大学科，更应该成为追求卓越、基业长青的伟大实践。创业家们必须有目的地探寻、明辨那些蕴含创新机遇的变化和征兆，并视变化、不确定性为常态。德鲁克在《创新与企业家精神》一文中提出，我们可

---

① Joseph A. Schumpeter, *The Theory of Economic Development: An Inquiry into Profits, Capital, Credit, Interest, and the Business Cycle* (Cambridge, MA: Harvard University Press, 1934).

② Peter F. Drucker, *Managing for Results: Economic Tasks and Risk-Taking Decisions* (London and New York: Routledge, 2011).

以从组织内外七大方向去进行系统化创新。首先，机构或行业内包含四大创新来源：意外之事——意外的成功或失败、意外的外部事件，不协调事件，流程所涉事件，以及人们都未曾注意到的产业或市场结构的变化。其次，剩余三种创新来源皆存于组织或行业之外，它们分别是：人口变化（年龄、性别结构、数量等），认知、观念上的变化，新知识的出现。这七大创新机遇来源虽"各有千秋"，但界限模糊，彼此有较大重叠。需要补充的是，基于可靠性和可创造性维度，上述的七大创新来源对应的创新成功率是依次递减的。系统的创新需要注意几大事项：首先，系统的创新必须基于对蕴藏创新机遇的七大创新来源进行深入研究和分析。其次，行之有效的创新无论在设计还是使用上都不能太超前，必须简单明了、目标明确，普通人也可操作。再次，创新必须是用来改变当下的生活状况，对未来进行创新很可能成为无法落地的"聪明创意"。此外，创新既强调左脑逻辑思维又注重右脑形象思维，走出去多看、多听、多问，使创新者能在买卖视角上自由切换，以此来了解顾客市场的期望与创新的真实价值。最后，创新最好从小规模、具体之事做起，一边试验一边灵活地进行。

第 2 节　创业

一、创业的概念及内涵

我国自改革开放以来，在四十多年商业化浪潮中涌现了一批批精彩纷呈的创业事迹。换言之，在我国社会主义现代化进程中，创新创业活动一直是如火如荼地进行着。而近几年，在李克强总理"大众创业、万众创新"的大力号召下，创业更是被勤勉伟大的中国人民推上了一个全新的高位。[①]那么何谓

---

① 王昌林：《大众创业万众创新的理论和现实意义》，《科技创业月刊》2016 年第 2 期。

创业？字面意思是指创业者开创一项风险性事业，且为实现利益相关者期望而甘冒时间、金钱等成本损失的风险。简言之，创业的核心就在于把握机遇，创造价值，赢得市场，实现预期。在充满不确定性的创业活动中，创业者不畏资源多寡、环境优劣，极力探寻、创造、把握市场机遇，整合资源、创造价值以图商业成功。

二、创业的要素、特点及过程

创业的要素主要包括人才、商业机遇、资金、技术、产品服务、政策支持等方面，其中以人才为代表的人力资本是创业成功的核心要素，如具有创业家精神的创业团队。此外，市场需求既是创业活动进行的前提条件，也是其最终指向，技术则作为产品、服务供给的重要基础。最后，以现金流为代表的资金要素为组织创业源源不断地"输血"。在描述创业活动时，我们常强调其机遇、顾客导向、价值创造、资源整合、创新与变革性等特点。根据美国创业学家杰弗里·蒂蒙斯提出的机会筛选模型，创业过程（见图 1）由商机、资源和

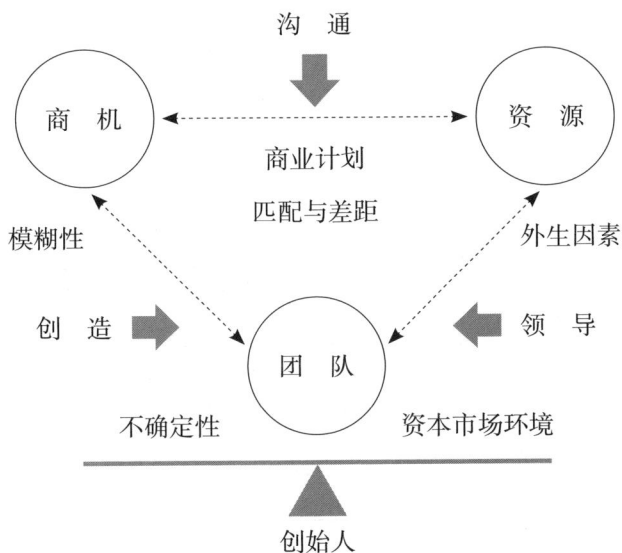

图 1　创业过程模型

团队三大核心要素有机组成，是一个连续不断地寻求平衡的行为组合。[①]总体来说，创业过程一般可分为以下几个阶段：第一，创业动机、信念的产生；第二，寻找利润潜力巨大的产业并选中要切入的目标市场，整合人力、资金、技术、信息等资源；第三，创建企业——包括准备办公经营场所和设施，制作创业计划书，创业融资，注册登记等等；第四，发展企业——实现"外通三关"（产品、渠道、市场）与"内固三元"（知识、流程、机制）的有机组合，打造高成熟度、深"护城河"、可传世的卓越企业，获取可持续性的创业回报。

三、创业类型及相互比较

在进行创业决策的过程中，我们应选取与自身条件匹配度较高的创业类型。基于创业背景和起点，一般有公司内部创业和"另起炉灶"式独立创业两种类型：前者往往是为响应公司多元化战略，并以项目或战略业务单元形式存在，资源充分是其典型特点，例如阿里集团下的阿里云，腾讯集团发展 QQ 业务同时再创微信。后者在商业化浪潮中更为常见，存活率相对较低，各项资源往往非常短缺，但自主性强、想象空间更大。[②]此外，根据创业动机理论（一般有推动型和拉动型两种动机），可划分出两种典型创业活动——生存推动型创业与机会拉动型创业。[③]前者往往具有消极意义，如为摆脱生活贫困而创业；后者带有积极因素，如追求自我价值实现而创业。[④]最后，从创业者风险偏好、创业难易程度考虑，创业可分为简单复制型创业、模仿对抗型创业、冒险机会型创业。简单复制型创业常见于餐饮、生鲜果蔬、食品、超市等行业，匹配的是公司市场渗透、扩张型产品战略；模仿对抗型创业，典型如蒙牛之于伊利，如今二者成为奶业双雄；冒险机会型创业，这类创业往往具有高风

① 卢新文：《基于 Timmons 模型的中国大学生创业过程模式研究》，《黑龙江高教研究》2009 年第 5 期。

② 任荣伟、毛蕴诗：《跨国公司内部创业行动的逻辑分析》，《现代管理科学》2004 年第 7 期。

③ Raphael Amit, Eitan Muller and Iain Cockburn, "Opportunity Costs and Entrepreneurial Activity," *Journal of Business Venturing* 10, no. 2 (1995): 95–106.

④ 卢亮、刘怡、刘congzhi：《高校毕业生创业类型与就业的实证关系研究——来自创业环境与创新策略的影响》，《中国人事科学》2019 年第 8 期。

险、高回报、正期望的特点，吸引着一大批时代弄潮儿投身其中，他们往往不为谋生，且不安于现状，在成就感驱使下极力追求卓越，实现理想，如在金山功成身退后的雷军再创小米。需要说明的是，以上创业类型并无绝对的高低、优劣之分，而创业作为不确定性横生的行为，背后隐藏着债务、法律风险，故在创业决策过程中，应强调与创业团队的匹配度，切不可削足适履、好高骛远。

第3节　创新与创业的关系

一、创新与创业的联系和异同

我们要想全面而准确地理解创新、创业，必须深入认识两者的联系与异同。就创新与创业的联系而言，我们认为，两者是相辅相成、缺一不可的"互补"关系，共同构成一个相互促进的正反馈系统。首先，创业是成功创新的重要载体，同时推动着创新活动大步向前；其次，创新作为企业核心的基本职能，是将创业活动进行到底（即基业长青）的重要手段，创业者只有通过持续创新，才能确保个人所投身的事业拥有光明的前景、旺盛的生命力。纵然创新与创业之间存在紧密联系，但两者就内涵和实践而言仍存在较大差别。简而言之，创业不是创新，创新也不等同创业。创业可能涉及创新，也可能不涉及；创新可能发生在创业过程中，也可能出现在成熟企业的变革进程中。开创一项风险性事业的时间跨度更大、参与门槛更高、发生频率相对更低，而创新作为阶段性行为存在于生活的诸多领域。需要注意的是，创新与创业有个明显的共同特征——自我表达。这种自我表达不局限于个体，更是一种团队或群体的呐喊。这种自我表达正是马斯洛五大需求层次中对自我价值实现的追求，也是对自己理想的坚持。正如《史蒂夫·乔布斯传》中，乔布斯在文末谈道：

"我们（创业、创新者）试图用我们仅有的天分去表达我们深层的感受，去表达我们对前人所有贡献的感激，去为历史长河加一点儿什么。"[①]

二、创新型创业的概念、类型

在当今世界黑天鹅横生、灰犀牛暴走的时代背景下，商业环境正面临着前所未有的不确定性，创业活动也迎来了前所未有的巨大挑战。我国传统智慧《易经》中"变易"思想——穷则变，变则通，通则久启示我们，在这云谲波诡的商海里，要积极拥抱变化而非故步自封，要勇于从改革开放红利下的创业1.0时代蜕变到存量博弈的创业2.0时代——拥抱创新型创业。所谓创新型创业，简而言之，即在创业过程中围绕创新活动（产品创新、管理创新、社会创新等）铺开的一种创业模式。[②]创新型创业不同于单纯的创业或创新，往往指创业者跳出传统经营理念，通过"创造性破坏""颠覆性行为"去创造商机，发掘需求，培育并赢得市场，即如苹果集团创始人史蒂夫·乔布斯所言"要读懂那未落到纸面上的东西"。此外，创新型创业有两种代表类型：技术驱动型创业与创意驱动型创业。前者一般指企业的战略竞争力落点在高效管理和技术领先上，常表现为产品供给层面的推陈出新；后者是指创业者基于全新的运营思想或创新构想，探索全新商业模式的创业活动。

三、创新型创业的主要特征

在知识经济崛起的时代里，创新型创业在不断走向舞台中央，并源源不断为经济社会的持续、全面发展提供动力。它一般表现为以下几大特征：其一，创新型创业要求创业者必须读懂目标顾客的真正需求（顾客往往不知道或难以清楚地表达出自己真正想要什么，直到你把产品放在他面前），并以开辟、满足顾客需求为首要任务。其二，创新型创业强调持续不断而非一

---

① 沃尔特·艾萨克森：《史蒂夫·乔布斯传》，管延圻、魏群、余倩、赵萌萌，汤崧译，中信出版社，2013。
② 兰建平、苗文斌：《着力扶持创新型创业发展——从创新型创业的内涵与特征谈起》，《浙江经济》2007年第17期。

蹴而就地创新。持续性学习是企业保持创新活力的行为基础，随着企业规模的扩大、管理的规范化、生产的机械化，我们要注意培育企业内鼓励创新的"土壤"，平衡管理效率与发展劲头的关系。其三，技术等刚性创新就投入回报比而言难以与思维观念、商业模式等柔性创新相比，因此，在高度重视技术层面创新、谋求技术领先的同时，我们更要鼓励、推动非技术创新，如商业模式的转型。

第 4 节　创新创业的意义

一、创新、创业的意义

古往今来，创新、创业从未在历史舞台上销声匿迹，更遑论为时代所弃。恰恰相反，自一次次工业革命、全球高速发展以来，创新、创业正发挥着越来越重要的作用。从国家宏观层面看，创新往往代表先进生产力。"创新是一个民族进步的灵魂，是一个国家兴旺发达的不竭动力。"而创业是在向国家经济体源源不断注入"新鲜血液"，盘活资源配置的同时推动了技术科技领域的大力发展，还可以通过吸纳大量就业来缓解社会矛盾。[①]从中观行业角度看，创新尤其是颠覆型创新往往能重新定义一个产业，改变行业竞争格局，并在产业链中衍生出无数商机供创业者发掘、把握。而从微观经济学来看，创业能促进整个行业充分竞争，进而提高资源有效配置，实现帕累托最优状态。从企业角度看，创新作为公司基本职能有利于企业建立持续性竞争优势，实现基业长青；而创业尤其是内部创业往往是基于企业多元化战略，为企业探索发展方向，有利于企业未来持续增长。就微观个体而言，创新行为能激发个人的主观

---

① 夏金文：《江泽民论创新的时代意义》，《探索》2000 年第 5 期。

能动性、创造性，有利于个体在长期发展过程中与时俱进。创业活动作为个人或安身立命或成就事业的重要手段之一，能全方位锻炼创业者，提高其综合能力素质，并为其当下、未来的成功奠定基础。

二、创新型创业的价值

相比于其他创业模式而言，创新型创业往往难度更大、风险更高，当然相应的潜在收益也最大，无论对创业者还是对社会都意义重大。创新型创业的价值一般体现在以下几个方面：首先，创新型创业虽在创业总数中占比较低，但对经济持续增长产生的贡献更为突出，尤其是技术创新驱动的创业，先是能颠覆行业格局，再以"链式反应"革新整条产业链，如工业革命甚至能重构整个国家的经济结构。其次，目前我国很多地方政府在创业政策支持上仍采用"一刀切"式管理，政策的价值自然大打折扣，而创新型创业的异军突起将促进政府更好地发挥作用，从社会、经济效益等维度全面考虑创业的差异性，进而制定科学、有效、精准的创业政策。再次，创新型创业是对"中国制造 2025"、产业升级政策的响应，有利于地方实业群在产业结构中向"微笑曲线"两端发展，由低附加值工业升级到高附加值工业，从劳动密集型产业向资本密集型产业再到技术知识密集型产业演进，提高中国制造在产业供应链、国际分工中的议价能力与利润空间。最后，创新型创业将创新理念、进取精神贯彻到企业生命发展周期中，使得持续学习、自我革新成为企业的文化基因与日常的行为基础，这种创新型思维、行为模式的有机统一，有利于企业获取持续性竞争优势，吸引顾客，赢得市场。

第2章 探索创新机会

第1节 创业机会的识别

对创业来讲最重要的是什么？有人说是资源，也有人说是创新。一般来说，创业最重要的是识别创业机会，因为只有挖掘到市场需求，识别了创业机会，创业者才能迎合市场需求，创立经营企业。创业的成功离不开创业者适时、准确地识别和把握机会。创业机会是什么？它有哪些类型和特征？创业者该从哪里发现创业机会？识别创业机会时又有什么方法和技巧？本节将从创业机会的概念、类型、特征、来源及影响创业机会识别的因素等方面来介绍创业机会及其识别。

一、创业机会的概念

要想识别创业机会，了解创业机会的概念是必不可少的。创业机会是提供的产品或服务能够为市场上的买方创造或增加新的价值的机会，是一种通过生产新的产品、提供新的服务、实施新的组织方式、采纳使用新的原材料或半成品等来创造溢价出售的机会。

二、创业机会的类型

创业机会一般有两种分类方式，可以根据来源和目的进行划分：

（一）来源型创业机会

依据各种创业机会来源来划分，主要分为三种类型：一是趋势型创业机会，它是创业者基于市场环境的变化进行预测而发现的一种机遇，是一种偏向于未来发展的创业机会。二是问题型创业机会，它是创业者通过发现目标市场现有的、尚未解决的需求而发现的一种机遇，是一种偏向于解决实际问题的创业机会。三是组合型创业机会，它是创业者根据外部环境中的多种因素、意在为购买者创造新价值而发现的一种偏向于由多种技术、产品、服务组合而成的创业机会。

（二）目的型创业机会

依据创业机会的识别难度以及目的和手段的关系来划分，主要分为三种类型：一是识别型创业机会，这是创业者可以凭借目的和手段的明确关系来直接识别出的创业机会，识别难度较小。二是发现型创业机会，这是目的或手段的其中一方不明确，需要创业者努力发掘的创业机会，识别难度比较大。三是创造型创业机会，这是目的和手段皆不明显、辨识十分困难，需要完全靠创业者来创造的创业机会，这种创业机会对创业者的识别能力要求较高。

三、创业机会的特征

创业机会的特征可以分为基本特征和价值特征，价值特征一般来源于基本特征。创业机会的基本特征有：

（一）客观性和偶然性

任何事物包括创业机会都是客观存在的，它不受创业者意识的影响；与此同时创业机会又是偶然的，因为发现它需要一定的条件，所以创业者发现创业机会具有一定的偶然性。

（二）时效性和不确定性

任何机会都有一定的时效性，若创业者不能及时发现，就会错过。此外，创业机会还具有不确定性，它可能来源于环境的变化，也可能随着环境的变化逐渐消失，甚至会变成一种危险，因此很难预测创业机会到底会给创业者带来什么样的结果。

（三）均等性和差异性

机会在所有人面前都是均等的，任何人都有发现创业机会的可能，但由于个人能力的不同，会使得不同的人对同等创业机会的识别能力出现差异。此外，一种新情况的出现，对将要创办的企业来说可能是机遇，但对已经成熟的企业来说可能是威胁。因此创业机会既具有均等性，又具有差异性。

由创业机会以上三种基本特征可以得到它相对应的价值特征。价值特征是影响创业机会潜在商业价值以及创业者是否能充分利用创业机会的关键因素，创业机会的价值特征主要有三点：

一是匹配度高。"谋事在人，成事在天"，创业活动的成功离不开天时、地利、人和。创业团队和创业资源，要与创业机会适时匹配，还要在发展的不同阶段做相应调整。

二是时机精准。时机是创业成功必不可少的因素，如果创业者能够准确把握机会创办企业，适时恰当地进入市场，那么其创业成功的概率就会大大提高。

三是策略弹性强。一般而言，组织层级少、官僚氛围轻的企业决策速度更快，相应的执行速度也更快；而一个企业越能迅速对市场环境的变化做出反应，就越能适应环境变化，其生存下去的概率也就越大。新企业与创办很久、已经成熟的企业相比，其优势之一就是组织层级少，决策速度快。因此一个新创办的企业想要有竞争力、生存下去，就必须具有较强的策略弹性。

四、创业机会的来源

创业机会来源于环境的改变，不管是供应商、客户、竞争者的变化还是产品技术、工作方式的创新，都有可能产生新的机遇。供应商的改变可能会产生新的组件、原料，客户的改变会产生新的需求，而这些都可能带来新产品的出现。技术的进步、工作方式的改进则会改善企业的经营管理效率。但是在所有的变化中，需要多种因素相互作用才有可能给创业者带来良好的创业机会。

（一）市场环境变化产生的机会

创业机会大都来源于动态的市场环境，其中主要包括市场内企业的变革、消费结构的升级、政府政策法规的变化、人口结构的变化、经济全球化及其他环境变化等。[①]

1. 政策变化。市场不是万能的，市场在运行的过程中会出现各种各样的问题，因此需要政府采取各种宏观和微观调控措施来缓解市场失灵问题，并利用经济、行政等手段来促进经济发展。政府每次的政策变化和新政策的出现，都会产生很多亟待利用的创业机会，如政府为给企业减负而出台的各种税收减免政策、为鼓励创新创业而出台的各种政策法规，以及为了某行业或产业的发展而降低其准入门槛等。

2. 资源变化。这里的资源变化主要包括土地资源、生态资源以及能源资源的紧缺等变化。

3. 消费升级。企业生存的依据有两点：效率性和社会性。效率性是指企业生产的产品或提供的服务比同类企业的成本更低、速度更快；社会性是指企业提供的产品或服务能够满足消费者需求，受市场的欢迎。那些成功的企业总能敏锐地感知市场上顾客需求的变化，并迅速抓住机会，改进原有商品或创造新的产品或服务；更敏锐的企业甚至可以引导消费者产生新的需求。不管是抓住消费者的"痛点"，还是打造新的创意点，只有紧随消费结构变化的趋势，才可以产生创业机会，并且针对这些"点"创办的企业都会有一定的市场，占据一定的市场规模。

4. 产业与企业变革。随着产业结构的转型升级，产业之间高度融合，"互联网＋"和各种新型技术不断重构产业生态，给各个行业带来新的机遇，因此只有抓住产业结构升级机遇的企业才能成功。

5. 竞争催生。除了分析宏观环境变化能发现机遇，分析每个行业中各个企业的产品定位，针对这些企业产品或服务的不足来设计自己的产品或服务，

---

① 唐德淼：《创业机会内涵、来源及识别》，《合作经济与科技》2020 年第 1 期。

避开竞争企业的锋芒来给客户提供产品或服务，也能创造新的价值，从而在"夹缝"中生存下去。因此，竞争也可以催生创业机会。

（二）新技术与新商业模式产生的机会

技术变革会给市场带来翻天覆地的变化，而新的商业模式也会更好地为客户服务，因此二者皆能催生创业机会。

1. 新技术的产生。众所周知，蒸汽机的出现带来了第一次工业革命，因此每一次技术的变革，对经济发展来说都是一块巨大的跳板。如今大数据、云计算、人工智能飞速发展，不少制造业都将这些新出现的技术融入生产制造中，不仅降低了人力物力的消耗，还能更好地为顾客服务。因此，创业者也要注意洞察这些新技术的产生和应用，这样才能发现好的创业机会，成功创业。

2. 新商业模式的运用。研究发现，如果商业模式具有难以模仿、脚踏实地并且能够提供独特的价值这三个特征，其成功的可能性会大大提高。新的商业模式有充值引流、"搭售"模式等，服务业的商业模式则更加复杂，创新的空间也更大。如果能运用新的商业模式，那么企业就可以提高市场的进入门槛，也更容易成功。因此创业者可以通过将产品与服务巧妙结合，通过发现产业链的结构洞等方式发现新的商业模式，从而发现创业的机会。

五、影响创业机会识别的因素

创业机会具有客观性和均等性，同时也有时效性，在同样的创业环境下，具有综合感知能力的人才能发现创业机会。因此，虽然环境会在一定程度上影响创业机会的识别，但个体的差异对创业机会的识别起决定作用。环境既是创业机会的来源，也影响着人们识别创业机会的效率。由于环境具有复杂性、宽松性和动态性，[①]所以在不同的创业环境下，人们需要采取不同的方法来识别创业机会。影响创业机会识别的个体差异因素如下：

---

① 陈海涛、蔡莉、杨如冰：《创业机会识别影响因素作用机理模型的构建》，《学术新知》2007年第1期。

（一）先前经验

一般而言，曾经在某个行业有过工作经验的人会比从行业外观察的人更了解这个行业，创业时也更容易发现该行业新的机遇。维卡塔拉曼曾提出"信息走廊"这一概念，认为个体的信息储备会受到先前工作经验和学历的影响，而这种信息储备会在关键时刻帮助创业者识别创业机会；[①]斯科特·谢恩的研究也证明了个体的先验知识会影响其对市场的选择和对产品、服务的开发。[②]

（二）认知因素

常人所说的"直觉"或者"第六感"就是一种认知因素，而直觉敏锐或第六感更强的创业者更容易发现别人错过的创业机会，学者把这种因素命名为"创业警觉性"。研究发现，与外部环境交流有助于提高创业警觉性，而创业警觉性越高，创业者的机会认知能力就越强，识别出创业机会的可能性就越大，如马云 1995 年在外国参观朋友的网络公司时就意识到了互联网的未来前景，从而创办了阿里巴巴。[③]

（三）社会关系网络

社会关系网络可以为创业者提供潜在的或明显的创业机会信息，每个人不同的社会关系网络都会在一定程度上影响创业机会的识别。研究发现，社会关系网络的强度直接影响创业机会识别的效率，其中弱关系更有助于创业机会的发现和识别。[④]此外，陈泽文研究发现，情感性网络、商业性网络和其他支持性网络这三种社会关系网络，在不同方面和不同程度上有助于创业者识别创

---

① S. Venkataraman, "The Distinctive Domain of Entrepreneurship Research," *Advances in Entrepreneurship, Firm Emergence and Growth* 3, no. 1 (1997): 119−138.

② Scott Shane and S. Venkataraman, "Entrepreneurship as a Field of Research: A Response to Zahra and Dess, Singh and Erikson," *Academy of Management Review* 26, no. 1 (2001): 13−16.

③ Connie Marie Gaglio and Richard P. Taub, "Entrepreneurs and Opportunity Recognition," in Frontiers of Entrepreneurship Research, eds. Neil C. Churchill et al. (Wellesley, MA: Babson College, 1992), p. 136−147.

④ 陈海涛、蔡莉、杨如冰：《创业机会识别影响因素作用机理模型的构建》，《中国青年科技》2007 年第 1 期。

业机会和创办经营企业。[①]

（四）创造性

当创业机会的目的和手段都不明确、创业机会识别十分困难时，创业者就需要自己来创造机会。因此，机会识别在一定程度上是一个创造的过程。创造性强的人在听到逸闻趣事时会更容易发现商机，在开发产品和服务时也更加新颖独特。一般来说，创造可以分为准备、孵化、洞察、评价和阐述五个阶段。

六、识别创业机会的方法和技巧

（一）识别创业机会的方法

根据创业机会的来源和影响创业机会识别的因素，我们知道在不同的创业环境下，需要用不同的方法来识别创业机会。创业机会通常有四种识别方法：调查法、系统分析法、问题导向型方法与创新变革型方法。[②]

1. 调查法。调查法一般分为初级调查和二级调查。（1）初级调查：通过与顾客、供应商等沟通交流，获取最新的信息和资料，了解市场现状和未来趋势。（2）二级调查：通过阅读新闻或他人已经出版的书籍、期刊文章或互联网上的数据来发现其中蕴含的商机。例如梁伯强就是因为在旧报纸上看到文章《话说指甲钳》后，发现了指甲钳的市场，成功创业，被媒体称为"指甲钳大王"。

2. 系统分析法。在日渐成熟的市场条件下，改革开放初期那种处处是商机的时代已经过去，现在的企业更多的是在市场变化与夹缝中寻求商机。创业者可以通过系统分析目标市场的发展现状，借助市场调研，从环境变化中发现创业机会。一般而言，运用系统分析法可以发现市场上绝大多数的创业机会。

3. 问题导向型方法。这种方法主要是创业者通过了解组织或个人面临的

---

① 陈泽文：《社会网络对创业机会识别的影响研究》，硕士学位论文，山东大学，2014。
② 唐德淼：《创业机会内涵、来源及识别》，《合作经济与科技》2020 年第 1 期。

未被解决的问题或者亟待满足的需求来识别创业机会，它是创业机会识别方法中最快速、精准、有效的方法。因为企业生产的标准之一就是为顾客创造价值，解决他们的问题，满足他们的需求。在运用问题导向型方法时，创业者需要不断地与顾客沟通交流，汲取他们的建议，之后再基于问题和需求创造性地开发新的产品或服务。此外，由于顾客的建议多种多样，并且建议和谈话内容多是非正式性的，需要创业者细心留意，才能更好地识别机会。

4. 创新变革型方法。在科学技术不断快速发展的时代，每一项新的发明或发现都可能蕴含着巨大的商机，创业者可以通过运用这些新技术、新模式或新方法来更好地满足客户的需求；创业者也可以通过自己的观察来发现那些细微但市场巨大的需求。前者一个很好的例子就是索尼公司随身听的开发，后者一个很好的例子就是市场上那些透明、撕下来不痛且不黏毛发的创可贴。创新变革型方法比其他三种方法的难度更大、风险更高，但通过这种方法识别的创业机会的潜在商业价值也更高，开发的产品或服务的变革性也更强，一旦创业成功，其创办的企业在市场上占据主导地位的概率会更高，且在短期内很难被打败。

（二）识别创业机会的技巧

创业机会的识别除了有以上四种方法外，还有一些技巧。一般来说，有善于观察、总结他人的经验、收集市场信息等路径。根据创业机会的来源，具体有以下四种技巧：一是在环境变化中寻商机，二是在"低科技"中找机会，三是紧盯市场需求，四是着眼问题难点。

七、创业机会识别的内容

创业机会识别主要包括以下内容：一是创业项目的市场规模。这不仅包括创业项目开展后初期可以形成的市场规模，还包括企业发展过程中市场规模的增长速度。前者将决定创办企业在创业初期的销量和利润，后者将决定企业的成长速度。一般来说，原始市场规模越大，企业销售的规模就越大，预期收益就越高，生存下去的可能性也就越高；而市场规模增长的速度越快，企业成长得就越快。因此，识别预测出创业项目的市场规模对创业项目能否开展、企业能否生存经营下去十分重要。二是存在的时间跨度。正如前文所说，创业机会是有时效性的，如果没有适时恰当地抓住机会，错过了创业机会有效的时间段，机会就会消失，即使再开展这个项目，也不可能成功。[①]此外，不同行业或同一行业不同时期的创业机会存在的有效期也是不同的，其有效期越长，创业者越容易抓住创业机会，创业的准备时间也就越充足，也就越可能成功；相反时效越短，机会越容易稍纵即逝，创业者准备、调整的时间也就越短。三是创业机会的可实现性。识别出创业机会，创业还不一定会成功，成功的创业都是有条件限制的，如是否能够获得足够的资金、资源，是否有能力对抗强大的竞争对手，是否有能力承担各方面的风险，创业项目是否具有可持续性、是否能够不断创新等。[②]只有做好充足的准备，确保万无一失，创业才有可能成功。

第 2 节　市场信息搜集与调查

当创业者从某种供需矛盾处识别出创业机会后，他们需要围绕创业机会，通过线上、线下等多种渠道发掘各种数据，从中提取出有价值的信息来综合评估创业机会的可行性。

一、市场信息搜集的过程及原则

市场调研过程中，创业者首先要明确自己的目的，即通过搜集、分析、整理各种相关信息来评估已识别的创业机会。在目标明确后，创业者还应制订一份计划，包括但不限于以下内容：所需要的信息（目标市场、消费者行为、

---

① 冯婉玲：《高新技术创业管理》，机械工业出版社，2001。
② 滕远杰：《创业机会的识别与评估探析》，《中国高新技术企业》2014 年第 82 期。

竞争对手情报、产业链等），调研方法，时间、人事安排，预算，资源拨备等。然后就是执行计划，即全方位、多方面搜集相关信息，应注意的是，此过程抓取的数据很可能会超出预期所需信息或不及预期，创业者应视具体情况灵活调整计划。最后，创业者应再次审视搜集到的各种数据，并对其分类筛选，整理出一份有价值的市场信息调研报告。

明确目标 → 制订计划 → 搜集数据 → 整理信息

图 2   市场信息搜集过程

创业者在市场信息搜集过程中还必须遵循五项原则：准确性、全面性、时效性、经济性和针对性。其中，准确性原则是信息搜集工作中最基础的要求，务必做到真实、可靠。全面性原则强调广泛、全面、完整，所选样本要有代表性，绝不能局限于某类群体、一家之言等。一般而言，信息价值大小与其及时性呈正相关，尤其在面向市场需求变动与竞争对手行动之际，时效性原则在信息搜集中显得极为重要。经济性原则体现在企业各种活动中，而信息搜集本身便是以企业效益为最高目标，故要考评行为的经济性。针对性原则体现了信息搜集过程中执行者对效率、效果的追求。

二、信息搜集的方法及其优缺点

制订信息搜集计划时，创业者应结合自身情况选择一种或几种恰当的调研方法。当前，信息搜集方法主要包括以下五种：调查法、观察法、实验法、文献检索法、网络信息搜集法。调查法在市场研究中应用比较普遍，是一种通过与调查对象直接交流来获取信息的方法，主要包括访谈调查法（面对面访谈、电话访谈等）、问卷调查法。观察法在商业活动与消费者研究中得到广泛使用，调查者既观察人的行为、心理、情感，也观察客观事物。实验法是在实验过程中，通过控制变量或条件来搜集信息或验证结论。具体实验形式有实验室实验、现场实验、计算机模拟实验、计算机网络环境下人机结合实验等。文献检索法，顾名思义，是指从古今中外人类的智慧成果和文献中检索、抓取所需信息的调研方法，一般表现为计算机检索。网络信息搜集法是互联网时代运用搜索引擎、大数据采集软件、爬虫程序等于海量浩繁的网络信息资源中搜取所需信息的调查方法。

表1　信息搜集方法及优缺点

方法		优点	缺点
调查法	访谈调查法	1. 可以确定被调查者的身份； 2. 可以深入发掘信息（尤其是受访者的反应、回复）； 3. 所获信息易于处理（样本代表性、问题针对性等）； 4. 可行性、真实性高，被拒绝概率低； 5. 反馈及时。	1. 经济性存疑，即调查费用高，受时间、地点、天气、交通等影响，调查范围有限； 2. 难以获取敏感或不便直说的信息，如涉及个人隐私的敏感问题； 3. 受调查人员的主观因素影响较大。
	问卷调查法	1. 方便、简单、易用； 2. 调查费用低； 3. 几乎不受时间、空间限制，调查范围广； 4. 方便处理信息。	1. 问卷回答的真实性相对较差； 2. 拒答率较高，尤其是一些复杂问题。
观察法		1. 客观真实性较高； 2. 直观反映； 3. 获取信息较为广泛、多样。	1. 容易流于表象，难以揭示深层次原因； 2. 所获信息往往基于观察者定性描述，非定量陈述； 3. 搜集信息受时间、地点、范围等局限； 4. 经济成本偏高。
实验法		1. 所获一手信息具有及时性； 2. 原始信息为企业所独享； 3. 信息无传递过程中的加工，故具有一定客观性。	1. 实验设计难度非常大； 2. 难以确定事物或变量间的真正因果关系； 3. 难以复查和检验。

（续表）

方法	优点	缺点
文献检索法	1. 检索速度快、所获信息量大（对计算机检索而言）； 2. 适用范围广，且现存的文献种类繁多，有利于搜集各种类型的市场信息； 3. 受控因素较少，可以做到省时、控费并获得较精确的调查结果； 4. 便于对调查对象做纵向分析。	1. 所获信息滞后，价值存疑； 2. 所获信息缺乏直接性和生动性； 3. 不完全准确。
网络信息搜集法	1. 数据搜集便捷、及时； 2. 网络调查整体费用低； 3. 数字化时代适用范围广，且不受时空等条件限制； 4. 良好的交互性，尤其是与受访者有效互动时； 5. 匿名性好，有助于发掘一些敏感信息。	1. 只局限于网络用户的观点，故对样本数量、代表性要求较高； 2. 网络信息真实性存疑、可靠度较低； 3. 难以限制受访对象，针对性不强。

第3节 创业机会评估

一、机会评估步骤

创业机会的评估主要有五步。一是确定创业机会的评估目标。在进行正式评估之前必须要有目标，要确定自己想要什么样的创业机会，有了目标才能更好地规划下一步，才能有针对性地选择评估方法。二是分析影响创业机会的因素。创业者在分析创业机会时，不仅要考虑内部因素，还要考虑外部因素；不仅要考虑宏观因素，还要考虑微观因素，如技术、经济、社会、市场等，通过找出关键影响因素来构建评估的指标体系。三是构建评估指标体系。找出影响创业机会潜在价值的关键因素，是构建评估指标体系的基础。四是挑选评估方法。不同因素的影响力不同，其评估方法也不同，创业者在挑选评估方法时，不一定只使用一种方法，也不一定非要套用某种方法，可以灵活处理，将多种方法结合使用，确定一种适合自己创业项目评估的方法。五是评估实施。在对创业机会进行实际评估时，要对不同类型的指标进行处理，如果有条件还需要专家的评定，结合选定的方法和模型，计算得出创业机会的评估结果。在这一步中，最重要的是选择合适的模型和获取需要的数据，这样才能筛选出有价值的创业机会。

二、机会评估维度

创业机会一般有两个评估维度（见表 2）：市场容量评估和市场效益评估。[①]

在市场容量评估维度里，创业者需要对将要创办的企业进行市场定位，判断市场价值。判断市场定位的明确性、顾客需求的明确性、顾客接触通道的流畅性、产品发展的可持续性等。市场容量评估主要从以下五个方面展开：一是市场结构，包括买卖双方讨价还价的能力、可替代品的相似程度和威胁，以及竞争的激烈程度。二是市场规模，包括市场规模的大小和成长速度。三是市场渗透力，确保创业者在最佳时机创办企业进入市场。四是市场占有率，市场领导者的市场占有率一般在 20% 以上。五是产品成本优势，创业者需要判断产品或服务可以创造的附加价值以及可以获得的利润。

在市场效益评估维度里，创业者需要判断将要创办企业的税后净利润和盈亏平衡点。一般来说，具有商业价值的创业项目可以创造 15% 及以上的税后净利润，并且可以在两年内达到盈亏平衡点。市场效益评估主要从以下六方面展开：一是投资回报率，与税后净利润相同，一般需要在 15% 及以上。二是资金需求量，一般来说，资金需求量越低，创业机会越受投资者欢迎。三是毛利率，毛利率越高的创业机会承担的风险越低，达到盈亏平衡点的时间越

---

① 唐德淼：《创业机会类型、评估与选择》，《经济研究导刊》2020 年第 10 期。

短。四是附加价值，创业者选取的经营策略和经营模式会影响创业机会的附加价值。五是资本市场活力。六是进入或退出市场的壁垒，其主要受市场、经济、政策、路径等多方面因素的影响。

表2　创业机会评估维度

维度	具体指标
市场容量评估	市场结构
	市场规模
	市场渗透力
	市场占有率
	产品成本优势
市场效益评估	投资回报率
	资金需求量
	毛利率
	附加价值
	资本市场活力
	进入或退出壁垒

三、机会评估方法

创业机会评估方法主要分为定性评估法、定量评估法以及定性与定量评估相结合的评估方法。

（一）定性评估法

定性评估法主要有史蒂文森法和隆杰内克法。

史蒂文森等人提出创业机会的评估主要应回答以下几个问题——创业机会的大小、存在的时间跨度和成长速度；潜在利润能否弥补投入的机会成本以及带来收益；创业机会的多样化、扩张性和综合性；面对障碍时收益的持久性；产品或服务满足目标顾客需求的能力。[1]

---

[1] Howard H. Stevenson, Michael J. Roberts and Harold Irving Grousbeck, *New Business Ventures and the Entrepreneur* (Burr Ridge, IL: Richard D. Irwin Publishing, 1994).

隆杰内克等人提出了评价创业机会的五项基本标准：产品的市场需求明确且被适时推出，投资回报高，持久的竞争优势，创业者必须与创业机会匹配，机会中无致命的缺陷。[①]

（二）定量评估法

定量评估法主要包括以下几种：一是标准打分矩阵法。对影响创业机会的重要因素应逐一进行很好、好、一般 3 个等级的评分，然后求出易操作性、市场接受性、市场规模、制造的简单性、质量和易维护性、专利权、投资收益、资本增加的能力、成长潜力、广告潜力这 10 个评估因素的加权平均分。二是泊泰申米特法。创业者使用该方法时只需要填写选项式问卷，并且对创业机会生命周期中预期的成长阶段、预期年销售额、税前投资回报水平、进入市场的容易度等因素进行评分加总（对每个因素来说，不同选项的得分可以从 −2 到 +2 分，通过对所有因素得分的加总得到最后的总分），总分数越高，创业机会成功的可能性就越大，一般高于 15 分的创业机会才会被纳入考虑范围。三是文斯汀豪斯法，通过公式计算机会的优先级，公式里包含技术成功率、商业成功率、销售价格、成本、投资生命周期和总成本 6 个因素。四是巴蒂的选择因素法。创业者需要在 11 个因素里进行判断，符合的因素高于 7 个以上，则该创业机会成功的可能性会很大。这 11 个因素包括：创业机会目前只有本人发现，能够承受产品初始生产成本和市场初始开发成本，产品投资回报率高，创业机会潜在的市场大等。

（三）定性与定量相结合的评估方法

这类评估的方法主要有蒂蒙斯的创业机会评价框架，[②]创业者在采用该方法时需要对经济因素、竞争优势、致命缺陷问题等 8 个方面进行评估，一共有 55 个指标，几乎涵盖其他评价方法的全部评价因素。

---

① Justin G. Longenecker, Carlos W. Moore, J. William Petty, and Leslie E. **Palich**, *Small Business Management: An Entrepreneurial Emphasis* (Nashville: South-Western Publishing House, 2005).

② Jeffry A. Timmons, *New Venture Creation: Entrepreneurship for the 21st Century* (Homewood: Richard D. Irwin Inc, 1999).

表3　创业机会的评估方法

类型	具体方法
定性评估	史蒂文森法
	隆杰内克法
定量评估	标准打分矩阵法
	泊泰申米特法
	文斯汀豪斯法
	巴蒂的选择因素法
定性与定量相结合的评估方法	蒂蒙斯的创业机会评价框架

第4节　创业环境综合分析

在创业准备阶段，创业者应综合分析所处的创业环境，评估创业可行性并制定创业决策。国内外学者对创业环境的研究颇多，一般来说，创业环境被分为三个层次：PEST[1]宏观创业环境，中观产业环境以及微观企业竞争环境。

一、宏观创业环境分析[2]

（一）政策环境分析

很多市场的诞生、爆发、消亡，都是政策影响的结果，如房地产市场、股市都受政策影响很大。故创业者在开创风险性事业前应充分考虑自身业务、行业所面向的政策、法律环境，重点关注地方政府对当地创业的支持性政策，

---

[1] PEST 是一种企业所处宏观环境分析模型。
[2] 孔慧芳：《基于 PEST 模型的武汉市创业环境研究》，硕士学位论文，华中科技大学，2011。

如金融支持、行政事务费用减免、行政手续简化、税收减免优惠、高新行业财政扶持等。除了注意上述支持性政策外，创业者还应关注创业相关法律法规，尤其是质检、环保、消防、安全等领域。

（二）经济环境分析

经济环境是创业者所处的大背景，若国家经济欣欣向荣，创业机遇也遍布神州大地；相反，若经济发展一蹶不振，创业活动亦难以为继。创业者应先分析、评估社会经济状况（主要包括 GDP 年增长率、工业总产值、社会商品零售总额、第三产业比重、固定资产投资额度五大指标），再顺势而为。近几年美国贸易保护主义猖獗，对中国发起贸易战、科技战、舆论战等，掀起了一股逆全球化浪潮，破坏国际规则，致使全球产业链重构。值此中美"脱钩"愈演愈烈、经济增长边际下降之际，创业者宜重点关注"经济内循环"与高端产业链"国产替代"两大发展逻辑，在新一轮产业重构过程中把握创业机遇。

（三）社会文化环境分析

这里主要分析社会价值取向、文化基因、生活方式以及社会道德伦理对创业各方面的影响。创业者在市场调研中深入研究消费者行为和价值以寻找创新机遇。同样，地域文化、创业氛围也在驱动着创业者筚路蓝缕、勇往直前。沿海渔民出海搏击风浪所锻造出的冒险精神，使他们愿意接受创业理念，勇于进行创业实践，如近现代的温州商人。又如珠三角沿海人民，远离千百年来的传统抑商观念，虽事桑蚕渔田，但改革风起，创业之火便可燎原，造就了无数财富故事。总体来讲，社会价值取向、创业文化、地方群众生活方式等会对创业理念能否深入人心、创业氛围是否热烈活跃、创业活动有无"遍地开花"产生影响。

（四）技术环境分析

对高科技行业、技术密集型或研发周期长的产业而言，技术环境优劣、知识产权保护力度对新创企业发展有着极其重要的影响。强调发展前景和供给差异性的新创企业往往具备一定的技术积累，尤其是高科技领域的新创企业，创业者在创业初期往往已掌握一种或几种核心技术。技术资源是创业之初创业者打通渠道、打开市场、募集资金、争取政策支持的重要保证。因此，技术驱动型创业存活率更高，发展空间更大。终端产品（以消费电子等科技产品为代表）的突破往往是基于整个产业链的大步向前，故对创业者而言，进行技术环境分析要考虑社会整体技术水平，更要深入研判所处产业的技术条件以及供应链环节的技术状况、发展态势。

二、中观产业环境分析

创业萌芽期，任何卓越的创业者都会基于生活中所认识到的供需矛盾，努力发掘创业机遇，筹备创业活动。产业环境主要由上游供应商、下游客户、新入侵者、替代品生产商以及现有同业竞争者等构成（又称"五力模型"），它不仅能反映某一产业的竞争激烈程度，更能揭示某一特定产业的发展前景，故聪明的创业者总是致力于寻找利润潜力巨大的产业。[1]

创业者应从下表所列因素中全面考察市场中的五种力量：

表4　反映市场五种力量强弱的影响因素

五种力量	影响因素
供应商议价能力	要素市场集中度、投入的差异化、投入对成本和差异化的影响、替代品投入情况、向前一体化战略威胁、供应商产量大小。
买方议价能力	购买规模、信息充分度、品牌影响力、价格敏感度、向后一体化战略威胁、买方市场集中度、替代品选择情况。
现有竞争程度	行业集中度、进出壁垒、行业生命周期、行业增速、产品差异度、产能供给情况、转换成本、品牌认知度。
潜在进入者	价格优势、成本优势、资金投入规模、政策保护、分销渠道、转换成本、"价格战"式博弈策略。
替代品	转换成本、替代品性价比、买方偏好稳定性。

---

[1] 张永辉、胡万里：《基于波特五力模型的 4G 时代电信业经营策略分析》，《电信科学》2014 年第 4 期。

三、微观企业竞争环境分析

企业竞争环境主要由在同一目标市场进行直接竞争的生产厂商或战略业务单元群体构成，是市场竞争的"正面战场"。任何创业者要想从创业概念"落地"到产品层面，都需要过竞争环境这一核心关卡，即正面赢得市场。在直接竞争过程中，针对目标市场的竞争策略能否"技高一筹"就显得尤为关键。因此，创业者在制订战略计划、竞争策略时应充分研究竞争对手策略以及消费者行为。迈克尔·波特教授在其《竞争战略》中提出，竞争对手分析框架主要由四大要素构成：竞争对手的假设、目标、战略和能力。[1]竞争对手的假设分析是研究其目标、战略、能力的起点和基础，而这里的假设是指对外部环境和内部资源、精益能力的认知。目标分析主要考虑竞争对手的财务目标、市场渗透度等。通用的竞争战略主要包括差异化、成本领先、集中化三种。能力主要涵盖研发、创新、生产、营销、综合运营、社会融资等能力。其具体分析流程见图 3[2]：

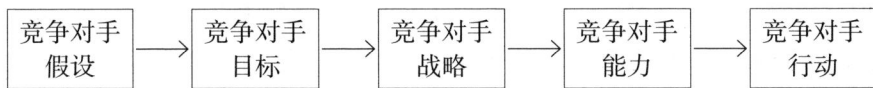

```
┌──────┐   ┌──────┐   ┌──────┐   ┌──────┐   ┌──────┐
│竞争对手│ → │竞争对手│ → │竞争对手│ → │竞争对手│ → │竞争对手│
│ 假设 │   │ 目标 │   │ 战略 │   │ 能力 │   │ 行动 │
└──────┘   └──────┘   └──────┘   └──────┘   └──────┘
```

图 3　竞争对手分析流程

---

① Michael E. Porter, *Competitive Strategy: Techniques for Analyzing Industries and Competitors* (New York: Free Press, 1980).

② 丁川芮：《新能源汽车比亚迪公司的国内竞争对手分析——基于波特的竞争对手分析框架》，《科技经济导刊》2018 年第 4 期。

第3章　创业计划

　　创业者发现和识别市场机会、搜集和整理市场信息、评估创业机会的价值并综合分析创业环境后，如果认为创业机会具有巨大的潜在商业价值，并且市场、政策环境也十分支持，就应该开启将创业机会落到实处的一步——撰写创业计划。调查发现，绝大多数企业都存活不过五年，其中的原因之一就是没有较详尽且完整的创业计划书。[①]成功离不开艰苦的工作和周密的计划，创业也是如此。研究发现，制作一份创业计划书将有助于新企业的出现，并且撰写者计划的水平越高，据此创办的企业的经营绩效也会越高。[②]一份优秀的创业计划书不仅可以在创业过程中指导创业者，还有利于创业者在创业过程中宣传创业项目，获得融资或顾客等利益相关者的支持。尽管创业计划书不可能100%准确，但它的确可以帮助企业面对竞争激烈的环境变化迅速做出反应。总而言之，创业计划书是创业成功的蓝图和创业者的行动计划指南。

[①] Annette B. Haag, "Writing a Successful Business Plan: An Overview," *Workplace Health & Safety* 61, no. 1 (2013): 19–29.

[②] Ya-Long Wei, Dan Long, Yao-Kuang Li, and Xu-Sheng Cheng, "Is Business Planning Useful for the New Venture Emergence? Moderated by the Innovativeness of Products," *Chinese Management Studies* 12, no. 4 (2018): 847–870.

第 1 节 创业计划的概念与作用

一、创业计划的概念

创业计划，也称企业计划，是创业者在选定创业目标之后、成立企业之前撰写的，用来描述创办一个新企业时所具有的初始资源、所面临的内部和外部环境及相关要素的综合性文件。它通常包含执行摘要、项目背景、对产品或服务的介绍、市场分析、竞争分析、经营管理、财务分析、风险控制等内容。它也是创业者创办企业的前三年内所有中短期决策的指南。

二、创业计划的作用

一份详尽的创业计划不仅有助于创业者厘清思路成功创业，还可以帮助创业者吸引投资者，为项目或已经创办的企业注入资金，从而为企业的中长期发展提供财务上的保障。具体而言，创业计划有以下三方面的作用：

（一）帮助创业者厘清创业的思路

在创业者正式创办企业之前，创业计划书的作用主要是帮助创业者分析项目的价值。因此，一般在选定创业目标之后，创业者就应该以认真严谨的态度分析自己所拥有的资源和目前的市场情况，把项目各个方面的影响因素都通过书写确定下来，逐条推敲来分析创业的风险和收益，并根据项目的内外部条件来确定创业初期的竞争策略和经营计划，从而使创业者在创业之前就能做到心中有数，对将要创办的企业有清晰深刻的认识。[1]

---

[1] 徐飞扬、王玉明：《创业计划书对大学生创业的指导性探析》，《文化创新比较研究》2019年第 34 期。

（二）帮助创业者管理团队和企业

创业者可以通过创业计划书来使创业团队认识到企业的前景和潜力，使他们对企业和个人的未来发展充满信心。创业计划书在"公司管理"这一部分向创业团队详细地描述了各自所要开展的活动，使每个人都了解自己的工作任务和扮演角色，从而可以帮助每个人评估自己与岗位的匹配情况。因此，创业计划书能够帮助创业者吸引企业所需要的人力资源，管理创业团队并凝聚人心。此外，创业计划书的实施和管理部分还提供了评价企业经营的指标和管理监控的指标，从而使企业的管理经营更有章可循。

（三）帮助创业者宣传和获取资源

不管在创办企业之前还是在企业成立之后，创业者都有宣传和融资的需求，因此，创业计划书是必不可少的书面材料。一份详细完整的创业计划书不仅可以对所要开展的项目进行可行性分析，还可以向投资者、政府等利益相关者宣传企业各个方面的情况，使利益相关者认识到企业的发展前景，从而帮助创业者获取资金或土地等资源，识别关键信息以帮助企业了解众多优惠扶持政策并合理使用这些优惠政策。

第2节　创业计划的形式与内容

一、创业计划的形式

了解了创业计划的概念和作用后，我们知道创业计划可以帮助创业者获取有助于创业的资源，但根据不同的目的和想要获取的资源，不同形式的创业计划会各有侧重，总体而言，创业计划主要有以下四种形式[①]：

[①] 熊辉：《创业计划与创业行动的关系和作用》，《品牌（下半月）》2015 年第 8 期。

（一）针对创业团队的创业计划

在现代社会，仅靠创业者的个人能力，企业经营管理很难获得成功，即使成功也很难做大做强，因此，创业者需要吸引所需要的人才，成立一个创业团队来帮助其经营管理企业。为了吸引各种类型的人才加盟创业团队，创业者需要通过针对创业团队的创业计划书来向他们展示创业项目的发展前景和成长潜力，从而打动、吸引他们加入团队，与创业者一起推动项目向前发展。

（二）针对资金资源的创业计划

针对资金资源的创业计划书主要以融资为目的，即帮助创业者募集创业或发展已成立企业所需的资金。它面向的是投资者，包括天使投资者、风险投资人等。针对资金资源的创业计划书需要从投资者的需求出发，通过向投资者展示该项目的相关因素和创业团队的经营实力，帮助投资人判断该项目的市场潜力和成功概率，以此作为投资该项目的依据，最终使创业者或企业达到融资的目的。

（三）针对政策资源的创业计划

在李克强总理提出"大众创业、万众创新"后，各级政府及相关部门都推出了资金扶持政策。针对政策资源的创业计划书是创业者在申请这些资金或资源时必不可少的材料。该类创业计划在撰写时必须与政府相关政策导向保持一致，要突出创业项目的社会效益，这样才更容易获得政府的资源支持。

（四）针对客户资源的创业计划

在开展创业项目之后，创业者必然会接触到各类行业的利益相关者，如客户、供应商、行业协会等，良好的合作关系会减少创业者经营过程中遇到的各种麻烦。因此，针对客户资源的创业计划书的作用在于，必要时向合作伙伴展示创业项目，通过阐明合作的共同利益来赢得合作关系、获得某些合作资源。

二、创业计划的内容

创业计划的编写有内容和格式上的要求，一份详细完整的创业计划应该记载创业的一切内容，包括产品或服务、市场、竞争分析、经营及营销策略、风险分析与控制等，这些都是创业计划中不可或缺的元素。具体来说，应包括以下内容[①]：

（一）执行摘要

执行摘要是创业计划书中最浓缩的部分，它需要用逻辑清晰、简洁客观的概括以及描述性的语言来说明此项创业项目的主要内容，使人能在最短时间内了解该项目，应主要阐述创业项目的产品或服务、创业团队、成功的理由、预期收益、主要风险和控制风险的方式等。一份好的执行摘要一般不超过3页，最重要的是应突出项目特征、竞争优势以及投资回报等，这样才能让人在短时间内全面了解整个创业计划并有兴趣继续阅览下去。

（二）项目背景

项目背景主要描述创业项目的来源、项目所在行业的宏观情况以及项目地的状况，需要描述行业的基本特征和发展现状、政府的相关政策、行业现存的问题和未来的前景等。[②]其中，行业的基本特征可以从市场结构、行业性质、寿命周期、稳定性等方面进行分析描述。

（三）产品或服务

产品或服务是创业者将创业计划落到实处的载体，是满足市场需求、获得投资收益的关键。一个创业项目要想有商业价值，就应该使其产品或服务以市场为导向，这样才能受到消费者的追捧。在这一部分，创业者应该尽可能用通俗易懂的语言来描述创业项目的产品或服务，分析其价值，分析价格是否适应目前消费者的消费水平，使非专业人员（如投资者、政府相关部门的工作人员）也能看懂。

产品或服务可以分两类，针对不同的类别，其相关内容各有偏重。一是产品技术类。主要介绍以下七个方面：概念、性能及特性，应用，成熟度，先进性，核心竞争力，发展前景，知识产权。二是文化创意与服务咨询类。主要

[①] 洪涛、陆陈波、陈涛：《大学生创业计划书撰写要点与原则》，《文教资料》2014 年第 17 期。

[②] 袁勋：《成都 ST 营养早餐餐饮连锁有限公司创业计划书》，硕士学位论文，电子科技大学，2015。

介绍以下五个方面：服务性质、特点，服务对象、所要满足的需求或提供的价值，市场竞争力，发展前景，知识产权。

（四）市场分析

创业者在创办企业前应该对市场进行调查，之后创业者才能决定是否实施创业项目。在进行市场分析时，创业者需要确定项目的细分市场和每个细分市场的规模、发展状况、客户消费水平及未来发展趋势，最终对产品或服务进行市场定位，描述项目的目标市场及其规模。其中，在确定目标市场时，可以采用总潜在市场（TAM）、可服务市场（SAM）或可获得的服务市场（SOM）来细分，通过从上至下或自下而上的方法来分析市场规模、进行市场定位。

产品技术类项目除了以上内容，还需要描述市场的进入门槛、市场占有率和增长率；文化创意与服务咨询类在必要时还应描述商业模式和盈利模式。此外，在这一部分应该注意的是，创业者应尽可能利用多条市场分析渠道来搜集尽可能多的数据，提高数据的准确性，并通过不同市场分析公司做出的调查报告来确定这一部分的内容。

（五）竞争分析

商场犹如战场，"知己知彼，百战不殆"的道理在商场仍然适用，因此，创业者必须清楚地了解项目所在市场的竞争情况，认清自己的优劣势，制定企业的竞争战略。在这一部分，创业者可以从竞争态势矩阵、波特五力分析模型、态势分析模型等模型中，挑选一个适合创业项目的模型来分析市场上主要竞争对手的优势与弱点，确定自己项目的战略地位。[①]

（六）经营及营销

经营及营销主要包括经营战略和营销策略两方面内容。在经营战略中，创业者应明确战略实施计划、产品或服务计划、成本收益、资源需求等。在营销策略中，不同定位的产品或服务应有不同的营销策略，创业者应在确定细分

[①] 张济鹏：《青岛艾瑞克文化传播有限公司创业计划书》，硕士学位论文，河南财经政法大学，2019。

目标市场后根据客户群的特征来有针对性地制定营销策略。营销策略分为传统营销策略和新营销模式：传统营销策略有产品策略、价格策略、广告策略等；新营销模式是主要利用各种社交软件或新媒体对产品进行的营销。

（七）公司管理

公司管理的内容主要包括四个方面：一是愿景、使命等企业文化；二是总体战略，包括战略目标、战略规划、战略实施等；三是创业团队，包括每个人的专业知识、经历经验、具体分工及职责等；四是内部管理，主要包括公司制度、组织架构、生产计划、人力资源管理、物流管理等。

（八）投资分析及财务分析

创业者在投资分析部分应该列出计划投资的总额、注册资本、资金运用方式、投资收益分析、投资回收周期分析，确定投资回报政策，最终提出最具吸引力的融资方案。

财务分析部分主要包括：主要财务假设及说明、预测的或实际的财务报表、财务指标分析。

（九）风险分析与控制

经营企业一定会有风险，因此创业者在成立企业前就要做好防范。风险分析与控制这一部分主要描述创办企业将面临的风险与防范措施，其中风险可能来源于市场中的竞争对手、政策变化、财务风险、经济大环境的影响等。在风险控制这一部分，创业者需要列出应对各种类型风险的防范措施，也可提前准备可行的撤出方案。

（十）附件

附件部分可以放入能增强前文说服力的补充资料，如专利证书、技术鉴定报告、市场调查报告等。此外，已成立的企业需要提供工商注册、税务登记等材料。

表5　创业计划的内容

模　块	内　容
执行摘要	产品或服务、创业团队、成功的理由、预期收益、风险及控制等
项目背景	市场结构、行业性质、行业寿命周期、行业稳定性等
产品或服务	产品技术类
	文化创意与服务咨询类
市场分析	进入门槛、市场占有率和增长率
竞争分析	竞争对手与自己的优劣势、竞争战略
经营及营销	经营策略、营销策略
公司管理	基本介绍、总体战略、创业团队、内部管理
投资分析及财务分析	投资分析
	财务分析
风险分析与控制	风险分析、风险控制
附件	专利证书、技术鉴定报告、市场调查报告等

第 3 节　创业计划书的制作

创业计划书的撰写准则

（一）言简意赅，突出特色

创业计划书阅览者在读创业计划书时会下意识地对其内容进行评价，所以创业计划的总结概要部分一定要突出项目的特色，激发阅览者的兴趣，使投资者看到企业长期发展方向和潜力，同时对创业团队、项目的市场定位有一定的了解。一般阅览者会在很短时间内从执行概要中了解项目全貌，此时若认为项目的可执行性强，则会有继续浏览的兴趣。

（二）排版规整，装订美观

创业计划书的封面、目录、图表等直接决定了创业计划书的美观度，影响浏览者对计划书的首次印象。也就是说，创业者需要细致地排版、装订、印刷创业计划书。[1]装订与排版的美观度有助于表现撰写者的重视态度，有助于吸引阅览者继续阅读。

（三）逻辑严谨，言辞切实

优秀切实的创业计划书有引领投资者思想、强化创业团队成员思想匹配性的作用，即创业计划书既应该有感染力，又不能脱离实际、天马行空，若计划书中的预期收益过高，就会降低自身的可信度。因此，创业计划书中收入的预测、成长潜力的估计应该符合实际情况。一些投资者会使用"计划折扣系数"来将创业计划中规划的财务目标砍去一部分，所以撰写者在写创业计划时应该切记脚踏实地这一原则。例如，在市场分析部分，应该做到资料翔实、预测的需求贴近实际情况；[2]在产品或服务部分，应该确保产品技术成熟、后续有能力继续研究开发；在营销策略部分，应有独特性和可行性；在财务分析部分，应合理设置成本、销售价格和收入；在风险分析和控制部分，应客观分析，做好预防措施和可行的撤出方案。

（四）数据精准，可信度高

创业计划应尽量使用数据来描述，而不能过多地使用形容词和副词，例如企业占地面积、设备数量、员工和岗位数量、预计的成本费用、销量、收入等，量化的数据不仅有助于浏览者理解创业项目的商业价值，也会使得创业项目的成功具有更高的可信度。

---

① 贺尊：《创业计划书的撰写价值及基本准则》，《创新与创业教育》2012 年第 5 期。
② 蒋传红：《创业计划书的写作》，《应用写作》2006 年第 10 期。

（五）彰显创业团队能力

在撰写除针对创业团队以外的创业计划书时，创业计划就已经彰显出创业团队的能力。撰写创业计划书需要撰写者具备管理与资源整合能力，这种能力对撰写文书重要，对经营企业更加重要。投资者、政府工作人员、客户等利益相关者在阅览创业计划书时，会直接感知到撰写者的能力，撰写者是创业团队的一分子，因此创业计划书的撰写水平间接地体现了整个创业团队的能力。此外，创业团队成员的教育背景、工作经验也在一定程度上体现着个人能力，因此创业者在选择加盟的成员时，要综合考虑每个人的阅历、教育背景、兴趣等因素，这样在展示创业计划书时，才能使利益相关者看到创业团队的专业与优秀，才能取得有助于企业创办的相关资源。

第4章 资源整合

第1节 创业资源概述

企业从初创到成熟，创业资源贯穿了其整个发展过程，资源的识别、获取、整合和运用是推动企业动态能力提升的关键，也是构建企业核心竞争力的基础。[①]莎伦阿尔瓦雷斯和洛厄尔步森尼茨两位学者认为，创业本身是资源的再整合。[②]同样，霍华德·史蒂文森也把创业定义为通过整合各方资源来开发商业机会的过程，可见创业资源在企业创立之初所发挥的作用是何等关键。[③]资源基础理论认为，企业的资源决定了其能力，而企业的能力则是其形成核心竞争力的基础。更进一步而言，企业在市场上的竞争优势就是依靠其核心竞争力形成的，资源的有效配置对企业竞争优势地位的构建发挥了至关重要的作用。根据生命周期理论，企业在不同的发展阶段具有不同的特点，应选用合适的行动战略。对于初创企业而言，其面临严重的资源匮乏问题，如何在复杂的市场环境中准确识别机会、获取并整合所需资源、优化资源配置，从而达到创造新价值的目标，这对于初创企业而言是不可避免的巨大挑战。

---

① 蔡莉、单标安、朱秀梅、王倩：《创业研究回顾与资源视角下的研究框架构建——基于扎根思想的编码与提炼》，《管理世界》2011 年第 12 期。

② Sharon A. Alvarez and Lowell W. Busenitz, "The Entrepreneurship of Resource-Based Theory," *Journal of Management* 27, no. 6 (2001): 755–775.

③ Howard H. Stevenson and J. Carlos Jarillo, "A Paradigm of Entrepreneurship: Entrepreneurial Management," *Strategic Management Journal* 11, no. 4 (1990): 17–27.

一、创业资源的内涵与特征

有学者将资源定义为企业在对外提供产品或服务的过程中，所占有或者所支配的能够帮助实现公司战略目标的各种要素及组合，包括企业所有的资产、能力、组织结构、企业属性、信息、知识等。[①] 创业资源则是在企业创立以及发展过程中所需要的各种资源。

从战略管理的角度来看，创业资源必须始终以企业战略为导向，在此前提下才能创造出属于企业的独特竞争力。资源基础理论认为，只有当创业资源满足四个特征时，才有可能转化为企业的竞争优势。[②] 四个特征为：

（一）有价值

在企业成长过程中，能够帮助企业发掘机会、回避风险，帮助企业实现战略目标的资源，往往能够在企业价值创造的活动中发挥重大作用，可以被认为是具有价值的。

（二）稀缺

当某种资源被少数竞争者掌握、无法被广泛获取时，就是稀缺的。基于供求原则，稀缺资源是有价值的，包括但不限于关键的技术资源、卓越领导者的管理能力、独特的物质资源等。

（三）难以模仿

当市场上的其他竞争者无法复制某种资源，或者需要付出无法承担的成本才能够拥有某种资源时，该资源是难以模仿的。难以模仿的资源是企业保持独一无二的核心竞争力的基石，也是企业独特价值的体现。

（四）无法替代

如果某种资源无法被其他类似资源代替，那么这种资源具有不可替代性。不可替代的资源能够保持企业核心竞争力的稳定性和持久性。

---

① 蔡莉、柳青：《新创企业资源整合过程模型》，《科学学与科学技术管理》2007 年第 2 期。

② 陆亚东、孙金云：《中国企业成长战略新视角：复合基础观的概念、内涵与方法》，《管理世界》2013 年第 10 期。

第2节 创业资源的分类

一、按参与程度划分

创业资源按照其参与企业创建活动的程度来划分，可以分为直接资源和间接资源。[①]直接资源是企业战略规划和执行的直接参与要素，与企业的生产运营密不可分。与此相对的间接资源是为企业战略规划与执行提供保障和支撑的要素，但并未直接参与其中。有学者认为直接资源包括人才资源、资金资源和管理资源，间接资源包括科技资源、信息资源和政策资源。

二、按资源形态划分

根据资源形态，创业资源又分为有形资源和无形资源。有形资源是指具有实际物质形态、价值能够准确计量的资源，如厂房、设备、资金、原材料等；无形资源是指没有物质形态、价值不能准确计量的资源，如声誉、信息资源等。[②]

三、按资源来源划分

创业资源的来源分为企业外部和内部。内部资源是企业自身所拥有的要素，可以是技术资源、创业者的禀赋或者自有资金等。外部资源则来源于发现外部机会，包括外部投资、租赁的场地设备甚至政府的帮扶政策等。初创企业

---

① 林嵩：《创业资源的获取与整合——创业过程的一个解读视角》，《经济问题探索》2007年第6期。

② 林嵩、张帏、林强：《高科技创业企业资源整合模式研究》，《科学学与科学技术管理》2005年第3期。

往往苦于内部资源缺乏，因此如何识别和获取外部资源，对企业的创建和成长十分重要。

四、按资源对生产过程的作用划分

按照对生产过程的作用，创业资源可以划分为生产型资源和工具型资源。生产型资源能够直接参与产品的制造或者服务的提供，例如物资资源、人力资源等；工具型资源则用于获取其他资源，例如财务资源、社会网络、声誉等。

五、按资源性质划分

创业资源按照其性质可以划分为人才资源、技术资源、物资资源、资金资源、管理资源、社会资源。[1]人才资源是指创业过程中所需要的技术、营销、管理等方面的人才，其知识技能、能力素质能够与企业人力资源需求相匹配，是推动企业建立与发展的关键要素。技术资源由系统、工艺或者实物转化方法组成，是解决实际问题所需要的关于软硬件的知识技能。物资资源是企业进行正常生产活动所必需的有形物质资源，包括场所、工具、设备等。资金资源是企业的生命源泉，指满足企业创立与成长需求的资金。管理资源是一种无形资源，能够将企业的潜在生产力转化为现实生产力，包括管理组织资源、管理人才资源、管理信息资源、管理技术资源等。社会资源指的是创业者拥有的包括政府政策与法规、非政府组织等发布的信息，以及一切他人拥有且能够为我所用的资源，例如社会网络。

（一）人才资源

作为创业的主体，人才是创业活动的核心要素。人才具备的一切知识、技能、能力、特质、经验、体力都是企业关键的无形资源，同时，企业全部战略规划的实现都需要依赖人才的执行力，因此人才资源是创建企业最不可或缺的基础要素。创业初期所需的人才资源主要包括创业者、创业团队以及其他人

---

[1] 古典、赵荣生：《大学生职业发展与就业指导》，湖南科技学院，2015。

才资源。

1. 创业者。作为创业的发起人，创业者是企业创建与成长的初始人才资源。创业者往往扮演着领导者的角色，是机会的识别者、思维的创新者。创业者积累着创业资源，是整个企业的灵魂人物。

创业者率先发现某种契机，例如技术、信息、独特的资源等，然后集结内外部的人、财、物等要素，通过自创平台或凭借他方平台，将契机转化为符合市场需求的产品或服务，实现价值的创造。创业者自身的知识、技能、能力素质、人格特质、资源禀赋等将会对资源开发过程产生较大的影响，甚至影响企业的成长与发展。同时，创业者的创业经验也是人才资源的重要组成部分，能够为初创企业带来相关组织惯例和技能等隐性知识。创业者的个人素质在一定程度上可以吸引外部资源，同时是创业的强大内驱力。

2. 创业团队。创业团队是由两个或两个以上具有共同愿景和目标，共同创建新企业或者参与新创企业管理，拥有一定股权且直接参与企业战略决策的人组成的特别团队。

创业团队最初可能由部分核心成员组成，大多通过血缘、亲缘、友缘等关系网络产生联结，核心成员团结在创业者周围，协助创业者进行组织、控制、决策等活动，共同承担创业的风险并享受收益。[1]创业团队的存在能够扩展创业者个人的资源禀赋，团队成员通过整合知识技能、社会网络等内部资源，可以提升初创企业面对复杂多变的外部环境的能力。[2]

创业团队的异质性和同质性是影响创业结果的因素之一。同质性强的团队，其成员之间的一致性高，有利于团队内部的规范以及日常工作的开展。异质性强的团队，其成员间存在较大的差异，有利于实现思维的创新和资源的互补，能够从多个角度互助完成各项工作。其中，创业者的领导风格也扮演着重要的角色。

---

[1] 朱仁宏、曾楚宏、代吉林：《创业团队研究述评与展望》，《外国经济与管理》2012 年第 11 期。

[2] 杜运周、任兵、尹珏林：《团队创业企业合法化战略与创新网络资源整合：一个综合模型》，《科学学与科学技术管理》2008 年第 12 期。

3.其他人才资源。除了创业者与创业团队，初创期的企业还可以利用其他人才资源帮助企业成长，例如咨询顾问、金融或法律专业人才等。以咨询顾问为例，大学生创业者就拥有丰富的高校资源，例如科研人员、学者、校友资源等。其他人才资源在某些情况下能够为创业者和创业团队提供专业的建议，帮助其识别机遇、掌握技术或者规避风险，充当辅助者的角色。

（二）技术资源

技术资源作为生产型资源，关乎初创企业的实际产出，是其创造价值的必要条件。技术资源有时候也能够成为吸引外部资源投入的独特优势，尤其对高科技企业而言，占有独一无二的创新技术资源可以创造出更有价值的产品，为企业在市场上的竞争提供有力的优势。初创企业的技术资源可以从以下途径获得：

1.自有技术。部分创业者及其团队本身就拥有足够的技术资源，如专利技术、创新的科技成果等。利用资源杠杆，此类型的初创企业凭借外部投资者的青睐能够获取需要的创业资源，包括资金资源、物资资源等。

2.外购技术。当创业者及其团队并未占有技术资源时，可以通过从外部购买的途径获得。初创企业可以根据自身的战略需求，选择购买已经经过了反复检验的成熟技术，也可以选择购买尚未成熟但具有潜力的创新技术。

3.吸引技术人才。人才是技术资源的载体之一，技术人才的猎取也是积累技术资源的有效手段。但是在此过程中可能会面临法律风险，企业应当通过劳动合同等方式提前做好规避准备。

4.外包技术。在条件不允许的情况下，部分企业也可以选择外包全部或部分技术资源，轻装上阵，集中自身更具有竞争力的核心资源，打造独特的竞争优势。

（三）物资资源

物资资源是保证企业的目标与期望能够达成的重要前提和现实基础，其重要性可见一斑。企业的物资资源一般包括土地厂房、工具设备、原材料等，主要通过内部和外部的资源渠道获取。

1. 内部渠道。部分初创企业拥有内部物资资源，在这种情况下可以充分挖掘企业内部的物资潜力，提高内部物资的利用率，在内部物资资源无法满足生产经营的需求或者战略规划需求时，再考虑引进外部物资资源。内部物资资源渠道分为库存、自制、改制、回收复用、综合利用、节约代用等。（1）库存资源。库存资源是企业自有的各种物资的储备，可以随时被启用，以期创造价值。只有少数的初创企业能够拥有库存资源。（2）自制与改制。当企业拥有闲置的原材料或者设备资源时，可以选择通过自制的方式将现有资源转化为具有更高价值的新资源，从而达到节省成本的目的。而改制是指将陈旧的、不符合需求的物资资源进行修整转换，重新赋予其价值。（3）回收复用、综合利用与节约代用。回收复用是指将能够重复使用的物资进行回收利用，或者将部分废旧物资或产品回炉重造；综合利用则是指对物资资源的充分利用，提高物资利用率；节约代用指的是用相对低价的资源代替相对高价紧俏的资源，但必须建立在保证产品质量和生产安全的基础上，从某种角度来看这也是一种增加资源的途径。

2. 外部渠道。对于大部分初创企业而言，内部资源匮乏是一个共性难题，因此如何通过外部渠道获取资源是创业的最大挑战之一。外部物资资源的获取主要通过以下途径：市场采购、加工定制、调剂串换、租赁。（1）市场采购。企业获取外部物资资源的最主要渠道就是市场采购。按照采购范围来划分，市场采购通常包括国内采购渠道和进口资源渠道。物资短缺的初创企业可以通过不同的采购渠道引进符合要求的物资资源。（2）加工定制。当企业对于物资资源有独特的要求和标准，且无法通过市场提供的资源满足需求时，可以通过加工定制的途径获取此类特殊物资资源。（3）调剂串换。调剂串换是企业与企业之间进行的余缺物资的调剂以及品种的置换，是企业引进外部物资资源的辅助手段。对于资源置换的双方而言，不仅降低了交易成本，也满足了需求，但企业之间的需求匹配增加了这一途径的实施难度。（4）租赁。租赁是以一定的资金资源借贷实物资源的经济行为。与采购不同的是，租赁不会使物资的所有权发生改变，只会转移物资的使用权。租赁的优势在于能够减少资金占用，避免设备折旧的风险，节税等。

（四）资金资源

资金作为企业经营运转的血液，是企业实现各项研发、生产、销售活动的关键性资源，也是创业者进行资源整合的重要媒介。资金流的稳定性和持续性能够为企业的经营提供保障，也能够随时转化为其他创业资源，相当于企业的循环系统。初创企业的资金资源可以通过许多渠道获取，分别为自有资金、股权融资、债权融资、政策性贷款、金融租赁及其他等。

1. 自有资金。自有资金来自于创业者及创业团队成员自身持有的资金资源，是创业的启动基金。但是自有资金数量有限，创业是一个需要持续投入资金的过程，因此外部的资金资源相对而言更为丰富。

2. 股权融资。股权融资是初创企业为了争取外部资金的投入，采取出让部分股权的方式，让投资者成为股东，拥有企业的部分所有权。这种方式募集的资金具有长期性、不可逆性、无负担、无偿还、无到期日等特点，但可能面临控制权被稀释的风险。

3. 债权融资。与股权融资不同，债权融资是指企业通过借款进行融资，通常通过金融机构或非金融机构进行，融资方需要承担借款期间的利息，并在期满后偿还本金，但是债权融资无须面对控制权被稀释的风险。

4. 政策性贷款。政策性贷款是由中央银行和政策性银行为了满足国家宏观经济发展战略的需求而出台的优惠贷款政策，在贷款的额度、利率和偿还期限等方面都具有优惠性。申请政策性贷款需要满足特定的条件并通过审核。与债权融资相同的是，政策性贷款最终需要偿还本金。

5. 金融租赁。金融租赁是一种集合了融资和融物两种功能的信用形式，指的是承租方选定满足自身需求的固定资产，之后由出租方负责购置，承租方通过定期交纳租金来获取资产的使用权。金融租赁主要用于租赁大型成套设备，能够弥补企业生产资料不足的缺陷。

6. 其他。除了上述的五个资金来源，企业还可以通过典当资产、获得天使投资、供应商融资、经销商垫资等方式积累资金资源。其中，天使投资是一种具有自发性和分散性的民间投资方式，由有财富、有实力的个人或家庭，对发展潜力大、前景好的初创企业进行早期资本投资，尤其是针对构思独特、勇于创新的种子企业。

（五）管理资源

管理资源是企业的无形资源，具有动态性和辅助性。在现有人才资源、技术资源、物资资源、资金资源的基础上，管理资源能够科学合理地整合各种生产要素，充当企业的生产力指挥，同时调整生产和流通中的人际关系，从而达到提高生产力、增加产量和利润的目标。管理资源只有与物资资源和劳动资源等有形资源相结合，才能发挥其作用。只有管理资源得到恰当地运用，其他的创业资源才能够得到经济合理的利用，从而转化为社会财富。管理资源可以细分为管理人才资源、管理组织资源、管理技术资源、管理信息资源。

1. 管理人才资源。管理人员是建立制度、组织管理、执行决策、运用方法的实际输出者，管理人员的素质与企业的管理水平直接相关，而企业的管理水平决定了创业资源的开发与配置，并对生产力产生影响。因此，开发管理资源的途径之一就是提高管理人员的能力素质，帮助其掌握科学高效的管理技术和方法，通过理论与实践结合的方式培养管理人员的决策力、判断力、组织能力和战略思维。从宏观的战略规划到微观的问题处理，只有全方位打造管理人员的软实力和硬实力，提高管理工作的效率和效果，才能实现组织目标。

2. 管理组织资源。管理活动的开展是以组织为背景进行的，组织本身就能够提供管理资源。管理组织资源的开发是通过组织结构设计、沟通机制的构建、企业内外部的关系处理以及管理制度的出台等实现的，以达到组织结构的科学高效、沟通机制的畅通、内外关系的和谐以及管理制度的合理完善等目的。标准化和制度化的管理组织资源能够极大地提高管理工作效率，将管理人才资源集中在更有价值的工作中，为企业的运营管理提供稳定的保障。

3. 管理技术资源。管理技术资源指的是在管理过程中管理者可以采用的技术手段和方法，一般指决策技术。决策是指人们确定未来的目标之后，从两个或多个能够实现目标的行动计划中选出最佳方案的判断和分析过程。科学客观的决策方法能够使管理者及时做出正确的选择，推动企业目标的实现。

4. 管理信息资源。身处信息时代，如何充分利用周围的信息资源开展管理工作是开发管理信息资源的关键所在。企业随时随地都需要从外部环境以及企业内部获取各种各样的信息，并对其进行判断甄别、分析处理，从而对自身的生产经营做出反应，包括对管理决策进行调整、对企业的生产销售等流程进行控制管理、对企业内部各环节工作进行协调等。对于新创企业而言，充足、准确、有效的信息资源能够为其他创业资源的获取提供帮助，由此可见管理信息资源的重要性。

（六）社会资源

社会资源主要包括政策资源以及人脉资源，对于创业初期各项资源都缺乏的企业而言，社会资源能够发挥重要的杠杆作用。

1. 政策资源。政府颁布的政策，尤其是与创业相关的政策，在一定程度上对创业方向起到了引导作用。响应政策的创业项目往往能够获得更多的扶持和优惠，降低了获取创业资源的难度。在中国的创业大环境下，政策的允许和鼓励能够支持企业引进更多的国内外人才资源、贷款和投资，以及获得相应服务与优惠条件等。

2. 人脉资源。人脉资源是一种特殊且重要的社会资源。初创企业的人脉资源最初是基于创业者自身独特的个人社会关系和初始资源禀赋建立起来的。然而，随着新企业的不断成长和发展，人际网络将通过惯例和程序逐渐转变为组织间网络，逐渐跨越企业的边界，进而对资源的流动与开发产生不同的影响，这对创业的成功具有关键性的作用。这种关系网络可以称为创业网络，其本质就是一种社会网络，为了突破资源困境，创业企业可以通过与外部环境主体建立联系这一途径来获取资源。创业网络有助于识别、获取和配置稀缺资源，建立并利用与外部组织的关系，能够帮助企业家提高自身的公信力，获取信息、市场、技术等资源。

（七）资源整合

资源整合是帮助企业建立竞争优势的重要因素之一，伴随着企业从初创到成熟的整个过程。资源整合具有复杂化、动态化、过程化的特点，是指对不同来源、层次、结构和内容的资源进行选择、吸收、配置、激活和有机整合，使之更灵活、更组织化、更系统化、更有价值，并对原有资源进行系统重构，摒弃无用资源并形成新的核心资源的过程。学者们认为，资源在时间和空间上的合理配置，能够使资源得到最大化的整合。

目前学界针对资源整合的研究分为两类，一类基于资源寻求观，认为企业应同时整合其内部和外部资源；另一类基于资源拼凑观，认为创业者应对手头的资源加以充分的利用，即提高企业内部资源的利用率。[1]

1. 基于资源寻求观的资源整合。基于资源寻求观的资源整合，主要关注企业的外部资源和内部资源。[2]资源整合的整个过程分为资源识别、资源获取、资源整合和资源利用四个阶段。[3]资源识别是指在明确商机和创业目标的基础上，创业者对初创企业现有资源进行初步评估，了解企业当前需要哪些资源、从何处获取资源的过程，主要包括评价初始资源、细化资源需求和确定资源来源三个方面。资源获取是指在资源识别的基础上，初创企业通过自身资源禀赋吸引和获取资源的过程，分为内部积累和外部获取。资源整合是指新创企业合理组合和科学配置各种创业资源，以构建或重塑新企业核心能力的过程，可分为稳定调整、丰富细化和开拓创造。资源利用是指初创企业充分利用现有的资源禀赋，把握创业机会，创造价值和实现目标的过程，主要包括动员、协调和配置。

（1）资源识别。资源的识别需要初创企业充分了解自身的资源配置情况，并且准确甄别外部环境中符合自身需求的资源，明确其获取渠道。这一过程可分为：评价初始资源、细化资源需求、确定资源来源。初创企业的初始资源主要包括创业者个人的社会网络和自身所拥有的资源禀赋，有时候也包括创业团队成员的个人资源。创业者能够通过准确评估其初始资源，明确其现在所占有的资源和能力基础，了解企业目前在哪些方面有所欠缺，哪些资源是必须及时获取的。基于对初始资源的评估，初创企业应进一步细化企业的资源需求，确

① Ted Baker and Reed E. Nelson, "Creating Something from Nothing: Resource Construction through Entrepreneurial Bricolage," *Administrative Science Quarterly* 50, no. 3 (2005): 329–366.
② 尹苗苗、王玲：《创业领域资源整合研究现状与未来探析》，《外国经济与管理》2015年第8期。
③ 董保宝、葛宝山：《新创企业资源整合过程与动态能力关系研究》，《科研管理》2012年第2期。

定要达到组织目标所需的资源结构以及各种不同资源对企业的重要程度。在明确资源需求的前提下，初创企业需要寻找所需资源的来源——即拥有相关资源控制权的主体。这些资源可能被竞争者或潜在竞争者掌握，也可能被供应商和经销商控制，或者是属于某个个体，甚至是散布在初创企业的社会网络中。鉴于此，初创企业必须在掌握内部初始资源和能力的基础上，进一步明确满足需求的资源来源，以便降低获取难度，提高准确率。

（2）资源获取。

① 内部积累。初创企业常常处于内部资源短缺的困境之中，迫切地需要从企业外部通过某些渠道引进其他资源，但部分特殊资源无法从外部直接获得，甚至需要付出很高的成本。在这种情况下，选择通过内部积累的途径实现资源的增扩是最经济可靠的，例如某些特殊的人力资本就可以通过内部培养来实现。

② 外部获取。创业企业要想实现生产经营和保持高速增长，关键是要广泛地争取外部资源，并以最经济的成本获得所需的资源。实现这一目标主要可以通过外购和吸引两种渠道。

外购是通过直接的经济交易来获得所需资源。初创企业可以完全拥有资源的所有权，且风险性较小，但是外购的前提是拥有足够的资金资源，因此相较于吸引，外购的成本相对更高，这对受制于资金资源约束的初创企业而言，压力较大。

吸引则是以创业前景和预期回报来激起资源所有者的投资兴趣，吸引他们投入资源，共同参与创业。这一渠道可以通过社会关系，付出最小的代价以博取更多的资源，最典型的吸引资源的方法就是杠杆。

杠杆可以分为有形资源杠杆和无形资源杠杆。有形资源杠杆就是利用企业的有形资产获取其他所需资源，例如对工具型资源进行购买和租赁，企业需要提供资金或者其他资产作为抵押。企业也可以通过暴露生产型资源的期权价值，达到吸引其他资源的目的。这种资源杠杆的实现通常需要将资源的期权价值进行暴露或转移。无形资源杠杆是创业者通过个人声誉和社会网络等资源与其他资源的所有者建立联系，以满足自身的资源需求。以社会网络为例，首先，外部资源所有者可以通过创业者的社会网络，在一定程度上了解其个人能力、创业企业的技术资源和产品的市场前景等重要信息；其次，社会网络可以降低机会主义导致的交易成本，如创业者出现违规或违法行为，资源所有者可以通过社会网络传播创业者的负面信息，惩罚企业家的违法行为。上述两种资源杠杆的合理利用，能够帮助企业提高资源获取率。

③ 资源整合。资源整合是指初创企业为建设或提高企业能力而对资源进行组合和配置的过程，主要包括三个方面：稳定调整、丰富细化和开拓创造。[①] 获得创业资源并不意味着可以直接形成企业的核心竞争力，如何有效地整合和配置资源、打造独特的竞争优势才是关键。稳定调整是在现有产能基础上逐步调整，一般适用于环境不确定性低、环境宽松程度高的情况。丰富细化是对企业现有的优势资源和能力进行扩展和提炼的过程，一般适用于高度不确定的环境。丰富细化是通过改善和优化内部资源、补充和细化外部资源来实现资源的多样化和丰富性的过程。开拓创造一般适用于动态环境，是一个创造新能力的过程。初创企业需要不断地学习和探索，整合所有资源，构造属于自己的独特核心竞争力，从而建立新的竞争优势。

④ 资源利用。资源利用是指初创企业利用自身能力实现资源配置、商机开发、创造客户价值、创造企业财富的过程。主要包括调动、协调和配置。调动是指动员资源，即以战略目标为导向，结合环境分析，选择和识别资源，在此基础上对这些资源进行合理利用，为必要的资源结构提供支持，从而通过这种资源结构开发新的商机。虽然资源调动是初创企业不可缺少的一步，但仅仅依靠调动并不能有效地促进初创企业的发展。因此，需要进行资源协调，实现资源合理配置。资源协调就是将调动起来的各种资源整合起来，使之高效、合理地配置，并整合到现有的资源结构中。最后，初创企业还需要配置资源，以使现有的资源结构与企业的资源战略相匹配。

2. 基于资源拼凑观的资源整合。基于资源拼凑观的学者认为，资源整合

---

① 董保宝、葛宝山、王侃：《资源整合过程、动态能力与竞争优势：机理与路径》，《管理世界》2011 年第 3 期。

是对初创企业现有的资源进行充分利用的过程。资源整合主要分为并行整合、顺序整合和选择性整合三种方式。[①]并行整合指的是初创企业在同一时间对现有的多个项目的资源进行整合，如果其中某项目因受制于资源短缺难以开展下去，便转而投入有可用资源的项目中去，一旦找到新的资源作为补充时再重启先前暂时停滞的项目。顺序整合则意味着初创企业需要先集中资源和精力，针对某一个特定项目完成资源整合，接着再进行其余项目的资源整合。选择性整合是指在开发创业项目或商机时，创业者会选择性地放弃其中一些项目，避免因兼顾多个项目而降低资源利用率。

---

① 梁强、罗英光、谢舜龙：《基于资源拼凑理论的创业资源价值实现研究与未来展望》，《外国经济与管理》2013 年第 5 期。

第5章　构建商业模式

第1节　商业模式概述

一、为什么需要优秀的商业模式？

通过前文对有关创业的一系列机会、创意、环境、资源等要素的讲述，我们厘清了创新创业的经济基础，但是，即使具备了这些条件，企业仍可能最终陷入失败的境地。[①]一个重要的原因就是企业显式或隐式的商业模式出现了问题，难以适应这些要素，无法完美整合现有力量。[②]

后工业时代，经济形态正在经历着剧变与重塑。企业为了应对内外部环境的挑战、增强竞争力、寻找新的增长动力，需要一套针对业务实践的彻底、系统、高效的模式，它将是以市场需求而非传统的供给为导向的价值创造逻辑，这就是商业模式[③]。正如管理学大师彼得·德鲁克教授所说："当今企业之间的竞争，不仅仅在于产品、服务的竞争，而更关注商业模式的优劣。"无独有偶，奥地利经济学家约瑟夫·熊彼特早在1939年就指出："价格和产出

[①] 陈铭阳、王申：《利用 Osterwalder 商业模式画布分析——苹果公司的商业模式》，《江苏商论》2019 年第 8 期。

[②] 井一涵、张波：《基于商业模式画布的乐视网商业模式分析》，《商业会计》2017 年第 24 期。

[③] Jawaria Shakeel, Abbas Mardani, Abdoulmohammad Gholamzadeh Chofreh, Feybi Ariani Goni and Jiří J Jaromír Klemeš, "Anatomy of Sustainable Business Model Innovation," *Journal of Cleaner Production* 261 (2020): 1-14, accessed July 17, 2020, https://doi.org/10.1016/j.jclepro.2020.121201.

的竞争并不重要，重要的是来自新商业、新技术、新供应源和新的公司商业模式的竞争。"[1]商业模式将产品或服务竞争引向了商业能力竞争。商业模式是创业者商业构思的集中体现，是创业成功的重要因素，也是吸引投资者关注的重要方面。商业模式是企业的基石、企业的内在价值。如果一个企业没有搞清楚自己的商业模式是什么，一直依赖外部的资本注入而存活，这个企业就好像没有断奶，缺乏靠自身能力存活下去的资本，这在竞争激烈的商业战场上是不可想象的，更遑论达到持续盈利。

二、商业模式的定义

商业模式，最直白而言，就是告诉人们一个公司是如何赚钱并且能够不断赚更多的钱。[2]详细来说，商业模式是一种定义企业如何开展业务以及如何创造、提供和获取价值的逻辑体系，概述了实现该价值的企业的现金收入、成本支出和利润模型的体系结构。[3]商业模式是一种动态发展的理论体系。同时，商业模式更是一种工具，用来分析和描述组织如何运作，从而将企业管理视为战略活动导向的框架。（见图 4）作为战略工具，商业模式可以引导新创企业精准开展各项符合组织目标的业务，激励和保障企业取得预期成绩。商业模式的概念可以成为一种通用语言，[4]使组织成员轻松地向内外部伙伴描述业务操作方案，方便组织高效地陈述愿景、战略目标与具体行动方案。"价值"是商业模式中最普遍的组成部分。商业模式的本质在于定义企业向客户供给价值、吸引客户支付价值并将其转化为利润的方式，它将顾客作为企业价值的共同创造者。[5]

---

① 王闰、谷丽丽、陈刚：《基于供应链管理的商业模式创新研究》，《现代管理科学》2009 年第 1 期。

② David J. Teece, "Business Models, Business Strategy and Innovation," *Long Range Planning* 43, no. 2–3 (2010): 172–194.

③ 同上。

④ Alexander Osterwalder and Yves Pigneur, *Business Model Generation: A Handbook for Visionaries, Game Changers, and Challengers* (New York: John Wiley & Sons, 2010).

⑤ David J. Teece, "Business Models, Business Strategy and Innovation," *Long Range Planning* 43, no. 2–3 (2010): 172–194.

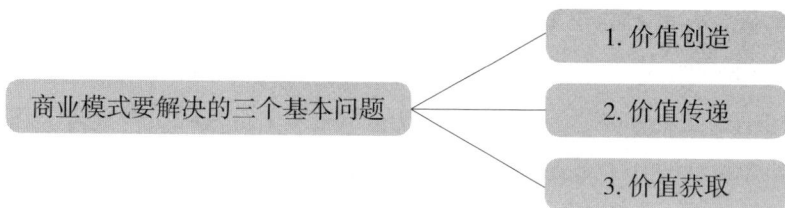

图 4　商业模式的核心逻辑

综上，商业模式是阐述企业如何创造价值、传递价值、获取价值的一套系统化的、以客户需求为导向的基本原理、经营思路、战略工具、通用语言。[①]

其中价值创造就是根据客户需求提供完整的解决方案；价值传递就是通过人力、物力、财力的资源配置、业务安排来创造价值；价值获取就是通过与利益相关者的合作，交付成果来不断获得利润，转为价值。例如，脸书、谷歌提供免费且多样化的便捷服务（创造价值并传递给客户享用），并将访问客户和客户数据本身用于数字广告以赚取利润（价值获取）。但是随着监管力度的加大，这种商业模式的某些方面可能需要改善。

三、商业模式的特征

准确地探讨商业模式的构成要素，有助于我们准确立体地勾勒商业模式，深入理解和描述企业的商业逻辑，从而为进一步开展商业模式选择、商业模式创新等行为奠定基础。我们还可以由此得出商业模式的一般特征：一是商业模式的各组成要素必须可以构成一个有机整体，基于某种逻辑体系串联所有成分，使其相辅相成、互通有无，形成一个可以不断溢出价值的良性循环。[②]二是商业模式是特定于市场的、取决于市场动态的，从来都没有"一刀切"的解决方案，也没有什么不刊之论或金科玉律。在不同行业、不同领域甚至不同

---

① Alexander Osterwalder and Yves Pigneur, *Business Model Generation: A Handbook for Visionaries, Game Changers, and Challengers* (New York: John Wiley & Sons, 2010).

② 李振勇：《商业模式——企业竞争的最高形态》，新华出版社，2006。

时间，商业模式都是各有特色、丰富多样的。拘泥教条的商业模式最终必然会失去生机。创业者必须不断试验和改进，把握时代脉搏与政策导向，找到适合自己的商业模式。三是要明确价值利益导向与客户需求导向。商业模式要求企业努力实现客户价值最大化，创造一个高效的商业问题解决方案，与内外部利益伙伴进行经济交换，从而实现持续盈利，以此生存、发展、壮大。四是要有可持续性，能够与时俱进。商业模式是变与不变的合理矛盾集合体，要能够实现交易双方的利润最大化。当然，商业模式并非一成不变，它应随着企业内部资源、外部行业地位、政策氛围、市场环境的变化发展而改善或突破，实现自身再次的可持续发展，见图5。

一个商业模式之所以优越，是因为它符合了市场的需要和时代的趋势，并能够使公司持续盈利、扩大经营规模。

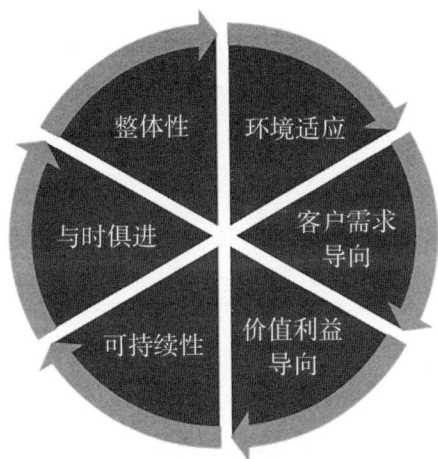

图 5 典型商业模式的特征

第2节　商业模式的建立

一、基于构件模块的模式建立方法

在上一节中，我们了解了什么是商业模式，我们为什么要重视商业模式。这一节，我们将着力关注如何建构商业模式这个关键问题。要想建立合理高效的商业模式，九大基本模块是必须要考虑的问题。[①] 这九大模块囊括了商业的四个领域：客户、供应、基础设施、财务存续能力，完整地描绘出了组织的战略蓝图，各模块简介如下[②]：

表6　商业模式的要素模块

领　域	模块名	核心问题
客户方面	客户分群	1. 我们的主要服务对象是哪些人？ 2. 为哪些群体提供服务可以创造最大化的利润？
	客户关系	1. 我们需要与各客户群体建立并维持怎样的关系模式？ 2. 目前我们已经建立了怎样的关系？ 3. 如何有效地整合我们的商业模式与客户的关系？ 4. 维护客户关系的成本是否高昂？
	经营渠道	1. 我们通过哪些渠道可以接触到不同的客户细分群体？ 2. 我们如何才能高效地利用这些渠道并进行整合？ 3. 如何分析不同渠道的效果与成本，选出优质渠道？ 4. 如何把我们的各种渠道和客户的日常生活工作相结合？

[①] 蒂姆·克拉克、亚历山大·奥斯特瓦德、伊夫·皮尼厄：《商业模式新生代（个人篇）：一张画布重塑你的职业生涯》，毕崇毅译，机械工业出版社，2012。

[②] Alexander Osterwalder and Yves Pigneur, *Business Model Generation: A Handbook for Visionaries, Game Changers, and Challengers* (New York: John Wiley & Sons, 2010).

（续表）

领　域	模块名	核心问题
供应方面	价值主张	1. 我们要给客户传递何种价值，为什么客户会选择我们而不是别人？ 2. 我们要解决客户的什么困难？ 3. 我们要满足客户的什么需求？ 4. 我们将给不同的客户细分群体提供什么产品或服务的组合？
财务存续能力	成本结构	1. 我们的商业模式中天然存在的核心成本是哪些？ 2. 哪些关键业务行为代价最大？ 3. 哪些核心资源成本最高？
	收入来源	1. 什么价值才是客户真正愿意为之付费的？ 2. 客户当前普遍在为哪些项目付费？ 3. 客户更喜欢怎样的付款方式？ 4. 每一处收入为总收入产生了多大贡献？
基础设施	核心业务	1. 为了实现我们的价值主张，需要保证执行哪些核心业务？ 2. 为了维护我们的分销渠道和客户关系，需要哪些核心业务？ 3. 对于现金收入的维持，需要哪些核心业务？
	重要伙伴	1. 我们有哪些重要的合作伙伴/上下游企业？ 2. 谁是我们的关键供应商？ 3. 我们要从合作伙伴处获取什么核心资源？ 4. 合作伙伴会执行我们何种关键业务？
	关键资源	1. 为了实现我们的价值主张，需要保证拥有哪些关键资源？ 2. 为了维护我们的分销渠道和客户关系，需要哪些关键资源？ 3. 对于现金收入的维持，需要哪些关键资源？

　　基于以上九大基本模块，来自瑞士的著名企业家、演讲师亚历山大·奥斯特瓦德博士在其著作 *Business Model Generation——A Handbook for Visionaries, Game Changers, and Challengers* 中提出了"商业模式画布"的建模方法。这

是一种能够帮助创新创业者激发创意、具象化理清思路、命中目标用户群、有效解决企业运作问题的可视化工具，被广泛运用于商业模式的设计、分析和创新。同时，越来越多的学术界、产业界人士将其看作一种形象的战略分析工具。

商业模式画布分析可以从战略决策层、战略执行层、财务保障层三个方面来进行。其中，战略决策层涵盖了价值主张。战略执行层涵盖了核心业务、关键资源、重要合作伙伴、客户关系、运营渠道以及客户分群。财务保障层涵盖了成本结构和收入来源。[①] 九项要素模块有机整合起来，好像一张承载灵感的大画布，帮助创业者及其团队进行商业模式的理解、讨论、设计与创新。只需要将现有的素材以便利贴、草图等形式放置于这张"画布"的不同区域，即可完成商业模型的基础框架搭建工作，方便快捷，具体形象，见图6：

战略执行层		战略决策层	战略执行层	
重要伙伴	核心业务	价值主张	客户关系	运营渠道
	关键资源		客户分群	
成本结构			收入来源	
财务保障层				

图6　商业模式画布分析

二、方法应用

接下来，我们以爱奇艺影业（北京）有限公司为例，通过3W3H的问题引导，运用奥斯特瓦德商业模式画布法进行分析，以加深对商业模式设计的理解。3W3H即"为谁提供"（Who），"提供什么"（What），"从哪里提供"

---

① 陈铭阳、王申：《利用Osterwalder商业模式画布分析——苹果公司的商业模式》，《江苏商论》2019年第8期。

（Where），"如何提供"（How），"赚多少钱"（How much money to make），"成本多少？"（How much money to cost）。对这六个问题进行自问自答式的梳理后，[①]分析结果见图 7。

战略执行层		战略决策层	战略执行层	
重要伙伴 索尼/微影时代 凤凰联动影业一线导演、制片人 个人独立视频制作者	**核心业务** 视频影视 乐活（文学、电影线上商城） 泡泡圈	**爱奇艺** **价值主张** "首播全覆盖" "独家抢先看" 开放合作 高清正版	**客户关系** 大数据技术分群 个性化推荐 会员优惠	**运营渠道** 百度贴吧/搜索引擎引流 多终端播放 买断热门影视剧
	关键资源 超高清视频内容 友好界面 三屏合一策略 建立同质化内容新标准		**客户分群** 浏览者 注册成员 注册会员 视频内容生产者	
内容成本 带宽成本 其他	**成本结构**		**收入来源**	会员用户收费 网络广告投放 爱奇艺自制剧 知识产权许可 直播打赏
财务保障层				

图 7 爱奇艺商业模式画布的分析结果[②]

在这之后可以以此为蓝本撰写详细的商业模型报告，辅之以 SWOT 态势分析法、PEST 宏观分析法以及波特五力分析模型等企业战略分析工具，对现有或即将设计的商业模式本身以及内外部条件进行结构化的、全方位的思考与梳理。SWOT 态势分析法是一种头脑风暴式的活动，旨在帮助确定哪些内部和外部因素会影响项目、产品、场所或个人的成功，帮助员工和公司优化

---

① 赵公民、刘俊生、武勇杰：《商业模式设计与创新慕课》，https://www.icourse163.org/course/NUC-1206335801，访问日期：2019 年 9 月 16 日。

② 陈颖：《基于商业画布的在线视频网站商业模式分析——以爱奇艺为例》，《中国商论》2018 年第 24 期。

绩效，最大限度地发挥潜力、管理竞争，并将风险降至最低。"S"是指企业内部的优势（Strengths），"W"是指企业内部的劣势（Weaknesses），"O"是指企业外部环境中的机会（Opportunities），"T"是指企业外部环境中的威胁（Threats）。PEST宏观分析法是从政治（Political）、经济（Economic）、社会（Social）、技术（Technological）四个方面，基于公司的战略眼光来分析企业外部宏观环境的一种方法，有助于公司从长期视角评估业务发展。波特五力分析模型是迈克尔·波特于20世纪80年代初提出的，对企业战略制订产生了全球性的深远影响，成为商业战略和战略管理的核心叙述方式。[1]该模型用于竞争战略的分析，可以有效地分析客户的竞争环境。威胁企业市场的五种力量分别是：供应商的议价能力、购买者的议价能力、潜在竞争者进入的能力、替代品的替代能力、行业内竞争者现在的竞争状况。波特五力分析模型经常用于商业计划和制订公司的发展战略。管理层试图为所有五种力量和与这些力量相关的风险建立战略反应，也将战略管理推到管理流程的核心位置。[2]

第3节　商业模式设计方法的类型

一套合理可靠的商业模式的设计通常要经历以下三条路径[3]：

一、模仿其他企业商业模式（从0到1）

对优秀企业的商业模式进行直接复制，或略加修正。主要包括引用创新

---

　① 斯蒂芬·罗宾斯、玛丽·库尔特：《管理学》，刘刚、贵少卿、郑云坚译，中国人民大学出版社，2017。

　② Jawaria Shakeel et al., "Anatomy of Sustainable Business Model Innovation," *Journal of Cleaner Production* 261 (2020): 1–14, accessed July 17, 2020, https://doi.org/10.1016/j.jclepro.2020.121201.

　③ 张玉利：《创业管理》，机械工业出版社，2013。

点、延伸扩展、逆向思维。

二、在竞争中设计商业模式（从 1 到 N）

即便创业者已经构想了一个独特的商业模型，也会迅速被其他企业借鉴甚至抄袭，并利用"本是同根生"的商业模式与之开展竞争。因此，在动态的竞争环境中设计与改进商业模式显得极为重要，主要目的有：强化自身的良性循环，削弱竞争对手的良性循环，变竞争对手为合作伙伴。

三、在试错中调整商业模式设计（从 N 到 N++）

试行基于自身理解与需求设计的商业模式，并在实践中不断改良。商业模式的成功往往有赖于创业者是否有能力在模式的实施进程中对其不断完善，或进行全面颠覆的改革。

第 4 节　商业模式与管理模式

一套合理的商业模式是企业生存的基础结构，类似于一艘巨轮的铸造；管理模式则类似于驾驶轮船的舵手、水手，他们为了企业的茁壮成长各自承担了不同的职责，发挥着不同的作用。

商业模式，是企业创造、传递、获取价值的具体阐述，形成了一个合理的高效率的具有独特核心竞争力的组织结构。管理模式则是企业在特定的环境条件下，通过计划、组织、领导、控制等职能，配置组织资源以高效率地实现组织目标的基本框架和工具。[①]从细节上划分，管理模式包含 7 项要素：人员、

---

① 金润圭：《管理学》，华东师范大学出版社，2015。

资金、方法、机器设备、原材料、市场及士气，[1]见图8。我们只有先规划好商业模式这艘巨轮的结构、装备并交付使用，才有进一步选拔、培育、激励人才的可能性与必要性。简而言之，商业模式与管理模式相互依存，相互促进，又相互区别。商业模式的核心是为客户和企业创造最大化的价值，管理模式的核心是用最小的成本实现最优的组织目标。商业模式主要是对外模式，更多涉及企业与企业、企业与客户的协作，而管理模式主要是对内模式，更多涉及企业内部各要素的优化整合。

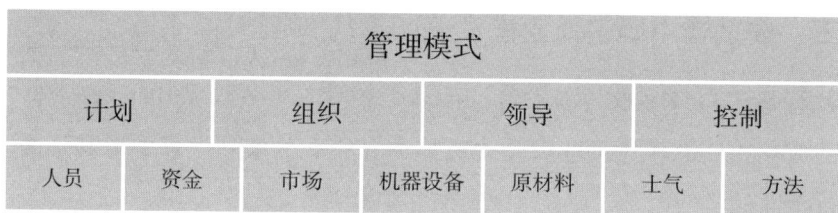

管理模式						
计划		组织		领导		控制
人员	资金	市场	机器设备	原材料	士气	方法

图8　管理模式四职能与七要素

因此，商业模式设计必须优先于管理模式的构建和管理要素的配置。在大数据和人工智能时代，信息、数据以全新的形态运作，经济的运营模式和营销方案也日新月异，更为重要的是，人类的思维方式、处理事务的逻辑和沟通的方式也在发生着变化，从在线购物到移动支付，从人脸识别到机器翻译，[2]在这种大背景下，各种颠覆性的商业模式和创新管理理论如雨后春笋，方兴未艾。[3]拼多多异军突起，线上线下（O2O）大行其道，知识经济如火如荼，华为5G独步全球。只有确立了先进的商业模式，把握了时代的脉搏，团队领导才能有效地协调管理要素，抢占企业绩效的新高地，成为隐藏在光鲜亮丽的商业模式背后的强大动力。

---

① 杨干忠、王琪延、张志敏：《民营经济实用词典》，中国发展出版社，2001。
② 顾婷：《信息化背景下商业模式和企业管理创新研究》，《中国集体经济》2016年第36期。
③ 刘知远、崔安顶：《大数据智能——数据驱动的自然语言处理技术》，电子工业出版社，2016。

第 5 节　商业模式与现代互联网思维

随着物联网、云计算、人工智能、5G 技术的蓬勃发展，中国的互联网经济发展进入了全新的阶段，高科技的不断推陈出新孵化了更多新的、神奇的商业模式。

在京东、天猫、大众点评等互联网企业取得耀眼成就的背后，平台商业模式作为其核心秘诀越来越为人们所重视。这种模式得益于现代互联网思维，在新经济中具有得天独厚的优势。其中，平台作为一种"中介广场"，为各方的利益相关者提供了一个合作交流的场所，使供应商、企业、客户、经销商等能够友好互动，为各方的参与创造价值。参与的用户人数越多，也就是我们所谓的"流量池"越大，平台的价值也就越大。营造一种双赢的局面，是现代互联网思维开放共享的精神内核的表现之一（见图 9）[1]，最典型的可以概括为"玩家入场免费，服务增值收费"。如阿里巴巴搭建了淘宝网这一电子商务平台，吸引了大量企业与个人客户入驻，继而不断扩大流量，为了与之配套，搭建了交易支付平台支付宝，建立了能够优化物流的菜鸟驿站，引入了为电商平台和支付技术保驾护航的云计算平台阿里云。这些合理业务结构的延伸帮助企业、个人在淘宝网上方便地完成交易流程，保障订单的顺利完成，降低了交易成本，使电商平台、商家、顾客等多方利益相关者受益。

---

[1] 唐德淼，陈劲：《商业模式的现代思维与创新路径》，《企业管理》2020 年第 8 期。

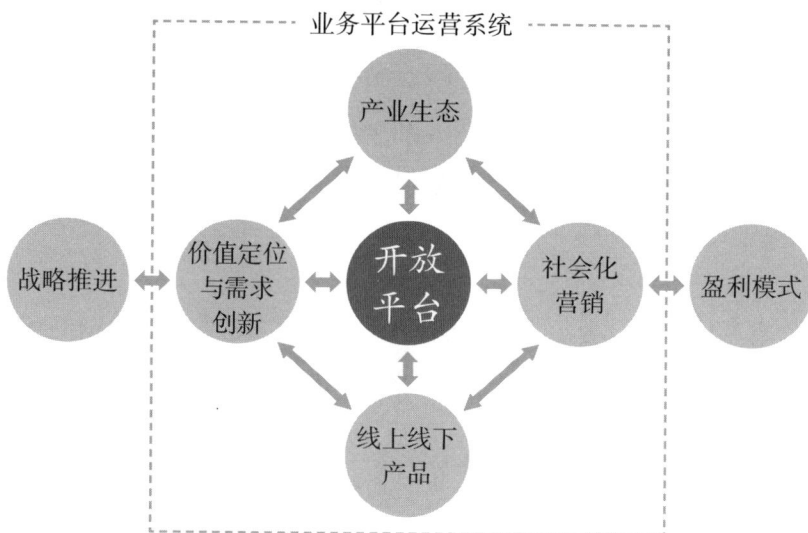

图9　平台商业模式的逻辑模型

2015年3月5日上午，在十二届全国人大三次会议上，国务院总理李克强在政府工作报告中首次提出"制定'互联网＋'行动计划，推动移动互联网、云计算、大数据、物联网等与现代制造业结合，促进电子商务、工业互联网和互联网金融健康发展，引导互联网企业拓展国际市场"。得益于此，"互联网＋"商业模式如火如荼。它的主要概念是"跨界融合"，以互联网技术为核心，凭借互联网手段完成传统行业从线下发展到线上线下同步经营的转型，使用互联网技术指导产品的生产、管理、销售、服务等环节，并融入互联网的开放共享精神，改革企业原有的管理模式。2020年，唐德森、陈劲等人指出，"互联网＋"商业模式的六大特征是跨界融合、创新驱动、结构重塑、注重客户体验、开放生态、资源链接。目前，由于政策驱动、时机成熟、时代潮流、技术沉淀等原因，"互联网＋"的商业模式已经在全产业遍地开花，取得了显著的突破，催生了智慧金融、智慧城市、智慧交通、在线教育、短视频、智慧工厂等现象级成果。但是，需要注意的是，正如腾讯董事会主席兼首席执行官（CEO）马化腾所说，"互联网＋"是对传统行业的升级换代，而非颠覆传统行业。

第二部分　创业中：创业上路

企业运营

第6章 新产品与服务的开发与管理

第1节 新产品与产品创新

一、新产品与产品创新的含义

从企业的角度出发，技术创新的基本过程就是新思想的产生、研究、发展、制造以及最终商业化。滕飞、冉春秋将创新概括为"发明＋发展＋商业化"，缺少任何一个环节都不能形成最终的市场价值。[①]

新产品与产品创新指从用户需求出发，分析需求的特征，以解决市场痛点、满足用户实际需要而进行的研究成果开发，包括产品创意的构思、工艺的设计、制造流程更新再造等一系列的决策过程。新产品开发既包括新产品的全新研制，也包括原有产品的改进与迭代，其实质是根据市场需要推出具有不同内涵与外延的新产品或服务。

企业在选择新产品开发方向时应考虑以下要素：即产品的性质和用途、价格和销售量、消费者需求变化速度及方向、企业产品创新满足市场需求的能力、技术力量储备及产品开发团队匹配等。

李学东等指出，产品的开发与创新需要创造性思维，即引导人类开拓新领域，认识和开发新事物的思维方式。创造性思维以认识、感知、理解、联想

---

① 滕飞、冉春秋：《创新创业管理》，首都经济贸易大学出版社，2018。

等能力为基础，是以综合性、探索性和求新性为基本特征的高级思维方式。创造性思维的获得需要产品开发与创新过程实践，产品的开发与创新也离不开创造性思维。[①]

二、新产品与产品创新的特征

（一）不可预见性

从历史案例来看，关于创新是否具有预见性仍存在争议。部分专家学者认为，创新具有不可预见性，其中的偶然性和运气成分是创新发生的主要原因，而另一部分专家学者认为，个体在相关领域的超前领会是创新的必要主观基础。本文认为，个体或群体在相关领域的学术与技术基础是创新活动的必要前提，但不可否认的是，技术开发受到个体主观能动性的影响，创新活动的触发与完成也因此具有随机性与偶然性。在科学史上，许多的伟大发现是在玩耍中产生的，如荷兰科学家安东尼·列文虎克在玩镜片之际偶然探索出显微镜的奥秘。

（二）时效性

企业提供的新产品和创新产品有其时效性，创业者进行创业活动势必要基于其产品或服务，并依赖于相关的技术，与企业的成长周期相类似的是，产品或服务也具有其生命成长周期。宏观市场中的产品和服务始终处于迭代更新的螺旋上升状态，同一产品和服务在不同的时间节点可能呈现截然不同的市场价值。举个例子，在20世纪风靡一时的"大哥大"手机如今却是"累赘"的代名词。在智能手机时代，对绝大多数的受众群体而言，"大哥大"失去了其市场价值而仅剩收藏价值。新产品和创新产品的时效性在提倡大众创新创业的现代社会尤为显著。从其时效性也足以见得，创新之于创业具有极高的重要性，新产品与新服务之于创业成败具有极强的关联性。

---

① 李学东、顾海川、刘万兆：《创新创业管理》，北京邮电大学出版社，2017。

（三）地域性

在不同地区与市场环境中，科学基础水平和技术开发程度各异，且受风俗习惯与地域特色的影响，市场需求的偏好也有所不同，新产品与创新产品往往呈现出显著的地域性特征。不同地区对于同一新产品或创新产品的接受程度具有地域性差异，对新事物的市场反馈或趋于积极接受或趋于消极排斥。举个老生常谈的例子，19世纪诞生的拉动英国经济的蒸汽动力火车传入我国时，执政的慈禧太后却以火车震动有害于大清龙脉、火车黑烟有害庄稼为由改用马来拉动火车，新产品与产品创新的地域性特征可见一斑。

三、新产品与产品创新的影响因素

（一）产品开发与学术水平

企业或个体的创业活动受到不同影响因素的激励或限制。从学术基础的角度来看，科学家或发明者创造或创新升级产品是单向的输出性活动，在某些特定的领域或特定的时间段里，学术发展水平和技术开发程度主导了一系列创新活动，学界与社会处于被动接受的地位，学术与技术创新的产品直接输出到剩余需求空间较大的市场。

（二）产品开发与市场需求

从企业创新与市场反馈的角度来看，创造或创新升级产品是双向活动，企业与创造者输出，市场受众群体应时反馈，创新者单方面的发现和发明不足以将新产品推向乃至融入市场。在企业创新活动中，新产品或创新升级后的产品仅仅是其运营活动中的一环，该创新活动成功与否的关键在于市场反馈。受众反馈积极，则新产品得以融入市场，创新活动伴随着新产品的普及产生相应市场价值；受众反馈消极疲软，则新产品不适应市场，创新活动伴随着企业运营的沉没成本而以失败告终。也就是说，在市场经济中的"新产品"和"产品创新"概念与特征有别于学术界，企业的创新活动以科学水平为基础，受主观能动的技术开发激励与约束，以市场需求的反馈为最终检验标准。

在学术发展水平与技术开发程度较低的阶段或环境中，市场需求的反馈作用较弱，学术发展与技术开发在创新活动中占据主导地位；反之，在学术发展水平与技术开发程度较高的阶段和环境中，市场需求往往决定了该创新活动的成败，市场需求在该创新活动中占据主导地位。总而言之，新产品与产品创新需要以学术发展和技术开发为重要基础，以市场需求为重要保障，二者在不同的社会发展阶段与地域环境中呈现不同的重要程度。

（三）技术创新与内部治理

1.股权制衡与技术创新。股权制衡是在股份制企业中，各类股东因股权分割占有情况而产生的相互制衡作用。数位学者根据统计数据发现，在企业产品开发过程中，股权制衡程度对于技术创新效率具有较为显著的作用。鲁桐、党印通过聚类分析，将样本公司分为技术密集型、资本密集型和劳动密集型，并发现在此三类行业中，第二大股东和第十大股东股权占有度越高，则企业研发投入越大。[1]罗正英、李益娟、常昀以民营企业为研究对象，发现大股东持股超过一定值则研发投入的动力和能力减弱，股权制衡度可有效缓解股权集中对于研发投入的抑制作用。[2]总之，据目前量化统计数据表明，股权制衡度对于技术创新效率具有较为显著的正向作用。[3]

2.激励机制与技术创新。企业内部的激励机制主要分为薪酬激励与股权激励。

关于薪酬激励对技术创新的影响作用，学界存在两种观点。一部分学者认为，薪酬能够激励企业高管以更长远的眼光制定发展战略与创新计划，从而促进新产品与产品创新。王燕妮根据产权特性、行业性质、营利性和成长性对企业进行了分门别类的研究，发现高管激励对于技术创新而言具有或强或弱的正向作用，其中，在国有企业和高新技术企业中，薪酬激励对于技术创新的促

① 鲁桐、党印：《公司治理与技术创新：两个基本模型》，《财经科学》2014 年第 7 期。
② 罗正英、李益娟、常昀：《民营企业的股权结构对 R&D 投资行为的传导效应研究》，《中国软科学》2014 年第 3 期。
③ 王文娟：《产品市场竞争、公司治理与企业技术创新》，硕士学位论文，山西财经大学，2020。

进作用更为显著。①另一部分学者认为，高管为获取短期激励与利益，提高短期绩效，有可能会减少研发创新的投入。

关于股权激励对技术创新的影响作用，学界普遍认为高管持有股权对于企业创新具有正向作用。孙早、肖利平以一部分创新研发企业为研究样本，发现薪酬激励与股权激励对于技术创新的作用差异较大，薪酬激励对于技术创新具有不显著影响，而股权激励对研发投入的促进作用较为显著。②除此之外，高管持股比例越大，对于技术创新的促进作用越强。然而高管股权激励对于技术创新也具有边际效益，即随着高管持股比例的上升，其促进作用的增强速度也将逐渐降低。

除以上内部治理环境的影响因素外，外部开发环境对企业技术创新也有一定影响作用，包括风险投资、政策环境以及产品竞争环境等因素。李梦雅、严太华探究了风险投资对企业创新影响的潜在作用。一方面，风险投资能够使企业充分利用行业溢出的研发资源，减少企业发展面临的不确定性，帮助企业有效地参与市场竞争，缓解企业的外部融资约束，对企业创新产生积极的影响；另一方面，风险投资对企业创新投入与企业未来财务绩效关系的调节效应会由于企业规模、市场竞争程度、所有制类型的不同而有所差异。③在产品竞争环境这一方面，学界结论不一，学者普遍认为产品竞争环境对技术创新不具有显著的线性关系，激烈的竞争市场给予技术创新一定的动力，但对企业内部治理的要求更高。

四、新产品与产品创新的类型

严格来讲，开发新产品与产品创新具有多重含义，依据不同的产品开发原则，既包含领先型创新，也包含改进型创新、模仿型创新等。具体而言，罗

---

① 王燕妮：《高管激励对研发投入的影响研究——基于我国制造业上市公司的实证检验》，《科学学研究》2011 年第 7 期。

② 孙早、肖利平：《产业特征、公司治理与企业研发投入——来自中国战略性新兴产业 A 股上市公司的经验证据》，《经济管理》2015 年第 8 期。

③ 李梦雅、严太华：《风险投资、技术创新与企业绩效：影响机制及其实证检验》，《科研管理》2020 年第 7 期。

伯特·库伯在《新产品开发流程管理》中列出了6种不同类型或是不同级别的新产品（见表7）[①]：一是全新产品。这类新产品是其同类产品的第一款，并创造了全新的市场，此类产品占新产品的10%。二是新产品线。这些产品对市场来说并不是新的，但对于有些企业来说是新的，约有20%的新产品归于此类。三是已有产品品种的补充。这些新产品属于企业已有的产品系列的一部分，但对市场来说，它们也许是新产品。此类产品是新产品类型中较多的一类，约占新产品的26%。四是老产品的改进。这些不怎么新的产品从本质上说是企业老产品的替代，它们比老产品在性能上有所改进，可提供更多的内在价值。该类改进的产品占新产品的26%。五是重新定位的产品。老产品在新领域的应用，包括重新定位一个新市场，或应用于一个不同的领域。此类产品占新产品的7%。六是降低成本的产品。将这些产品称作新产品有点勉强。它们被设计出来替代老产品，在性能和效用上没有改变，只是生产成本降低了。此类产品占新产品的11%。[②]

表7 新产品分类与特征

类型名称	主要特征
全新产品	同类产品的第一款，同时创造了全新的市场。
新产品线	产品对市场而言不是新的，但对企业而言是新的。
已有产品品种的补充	企业已经拥有的产品系列中的一部分，但对于市场而言可能是一种新产品。
老产品改进	本质是老产品的替代，比老产品在性能和内在价值方面有改进与提升。
重新定位的产品	老产品在新领域使用，重新定位一个新市场或应用于不同的领域。
降低成本的产品	勉强称作新产品，设计出来代替原来的产品，性能和效用没有改变，只是降低了生产成本。

[①] 唐德森：《产品开发、创新与创业产品选择——产品生命周期视角》，《科技经济导刊》2020年第16期。

[②] 同上。

第2节 新产品开发战略与过程

一、新产品开发战略

新产品与产品的开发并非仅仅是企业的职能，在提供产品与服务的同时，企业应将创新与开发作为整体策略，统筹生产与经营活动。产品的创新与设计是当今制造业的灵魂，包含于开发活动之中，由各项商业活动和社会经济活动组成，同时产品的创新与开发是企业长久运行过程中不可或缺的环节。[①]

生产制造企业在开发过程中的进一步创新是值得期待的，其影响因素包括产品和制造系统复杂性的增加、产品生命周期的缩短、高度定制的产品、激烈的全球竞争、趋于批量化的生产、客户需求的动态扩张，以及跨国企业和组织的合作。因此，不单单在产品设计与制造这一环节，新产品的整体开发过程也处在高速变化和调整过程中。

（一）产品改良与创新

产品的设计与开发可以是改良性的，但为了获取更大的市场份额，在商品市场中取得领先地位，产品的开发需要原创性与创新性。产品创新要求企业和创新者重视两方面的战略筹划：一方面，产品的设计与创新是以科学基础和企业技术开发的优势为前提；另一方面，产品创新的理念与设计必须以满足消费者和市场为总体目标。

（二）产品创新项目化

为了保证新产品开发计划顺利实施，项目组必须建立起一整套项目管理

---

① 刘春荣、周武忠：《产品创新设计策略开发》，上海交通大学出版社，2015。

的沟通程序和沟通渠道。项目经理应采取灵活多样的方式和途径与项目成员进行沟通。项目经理可定期（一般一个月一次）召开项目管理会议，对项目进行中出现的问题进行研究、协调和决策。对于项目运行过程中发现的问题，可采取专题讨论的方式进行。对于重大问题，项目组应直接向公司高层领导汇报，有效缩短解决问题的时间，提高工作效率。通过沟通，解决好项目成员与项目目标的冲突、项目组与职能部门的冲突以及项目团队之间的其他冲突等，使项目顺利进行。[①]

（三）新产品开发过程

新产品的开发大致可分为概念形成与评估、市场分析、开发与测试三阶段，每个阶段的先后次序与具体内容随着技术的更迭、生产力的发展与产品的演变有较大差别，因此，本章罗列了不同时代新产品开发过程的多种模式。

二、技术创新与产品开发的过程

新产品与产品创新需要适宜的客观条件与环境。新产品开发主要受到科学基础、技术开发和市场需求三个因素的影响。在不同的时代背景与市场条件下，新产品的开发具有不同模式，分别为线性模式、耦合模式、交互模式、网络模型等，分别呈现出不同因素在创新过程中的作用。

（一）线性模式

线性模式描述的是一种上游导向下游的创新活动。自第二次世界大战以来，以美国的科学家与工程师为代表，学界提出了"科学技术驱动"型线性创新模式：在上游环节中，高校的科研部或企业的研发部门开展尖端技术开发活动；导向中游的生产部门，它们负责科研成果的制造与输出；继而传输到市场部门，它们负责营销策划与分配活动。该线性模式适用于科学技术主导的创新生产活动。

伴随着社会环境与商品经济的发展，社会经济关系发生相应变化，从物

---

① 杜黎、陈柳：《汽车企业新产品开发过程中的项目管理策略》，《汽车实用技术》2018 年第 13 期。

资匮乏时期到生产过剩时期，由生产力拉动市场经济转变为需求扩张拉动市场经济。市场受众的基本需求得以满足，企业与创业者将注意力转移到挖掘与开发受众的潜在需求，因此，"科学技术驱动"型线性创新模式转变为"需求拉动"型线性创新模式。

在"需求拉动"型线性创新模式中，创业者意识到市场需求预测的重要性——从探索创新机会、识别创新产品和服务的机会，到搜集与调查市场信息、对创新和创业机会进行相关评估，综合分析当下创业环境。在环境适宜且资源得到有效整合的基础上，创业者才正式开始创新创业活动。企业营销策划者或学者在发现剩余需求之际，构思相关创意、寻求创新机会，形成创新计划之后导向研发机构和部门进行技术升级，在技术实现匹配之后导入下游生产部门进行创新产品的生产，营销部门根据创业计划进行相关营销策划与销售活动。

（二）耦合模式

线性模式描述了一种上游拉动中游、中游驱动下游的创新活动过程，而耦合模式是一种弱化了创新过程的先后次序，技术开发、生产制造与市场营销三大要素同时影响创新活动效率与结果的创新过程模式。从创意产生伊始，开发匹配的技术、设计与制造生产模型、营销策划与商品分配等创新环节同时耦合，创意才得以落地执行，并输出最终创新结果。

（三）交互模式

交互模式描述的是市场需求、技术开发与生产能力相互影响的动态创新过程，是线性模式和耦合模式的发展与完善。它将"科学技术驱动"型线性创新模式和"需求拉动"型线性创新模式有机结合。该模型更为详尽地刻画出三大影响要素对于创新活动的作用，同时描述出从创意到研发、生产制造、营销策划和产品分配的完整创新过程。

除此之外，交互模式也是作用和反作用影响的有机整体，不仅体现出科学基础、技术开发和市场需求对于创新活动的影响，也体现出创新过程对于三大影响要素的反作用力。也就是说，交互模式在线性模式的基础上新增了反馈的渠道，创意的落地执行和生产营销结果也直接影响了科学技术的迭代更新和市场需求的偏好转变。

（四）网络模型

在 20 世纪 90 年代之后，伴随着知识经济时代的到来，企业家与创新者倡导知识积累管理，强调知识输入与知识输出结果，在原有的交互型模式的基础上提出网络模式等开放式创新模式。简而言之，企业的创新过程和创新活动会伴随着市场经济的发展而更新升级。

网络模型更注重新产品开发过程中的开放式创新，强调了内部研发生产等活动与外部的联系（见图 10）。野中郁次郎和竹内弘高表示，有足够的证据验证外部联系有助于获取信息，并促进内部的技术创新和产品开发过程。与此同时，伴随着外部信息的获取与内部知识的积累管理，企业的知识积累也处于螺旋上升的变化过程。[1]

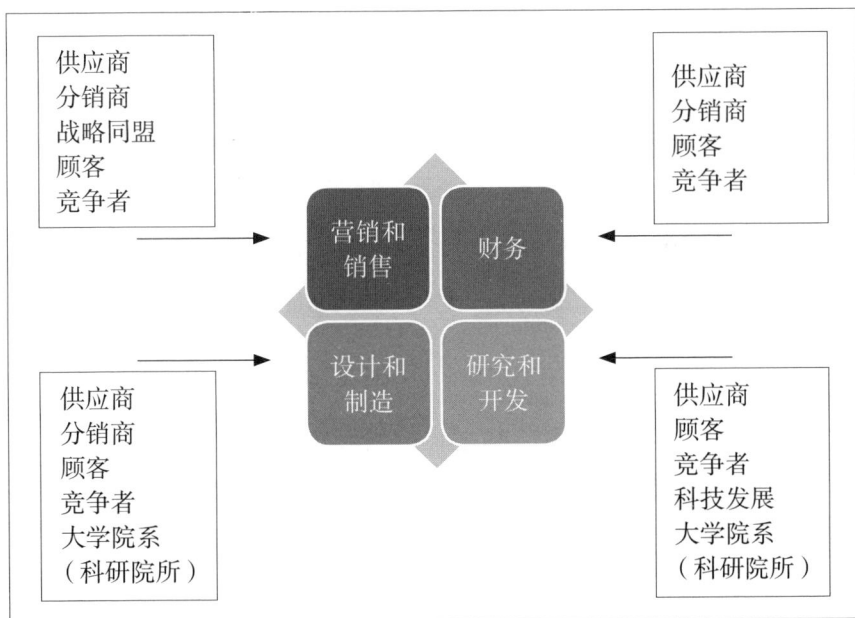

图 10　产品开发的网络模型 [2]

---

[1] Ikujiro Nonaka and Hirotaka Takeuchi, *The Knowledge-Creating Company: How Japanese Companies Create the Dynamics of Innovation* (Cambridge: Oxford University Press, 1995).

[2] 特罗特 • 保罗：《创新管理与新产品开发》，严琳译，中国市场出版，2009。

三、产品开发过程

图 11 表现出微观角度下，产品开发过程的几个关键性活动。企业通过研究开发和市场调研做出战略规划，并在此基础上整合所获取的信息，由此产生商业机会和产品概念。基于该产品概念开发产品模型，后期进行市场和技术方面的测试，并根据测试结果决定进入市场的营销方式，通过市场受众和消费者的反馈进一步调整战略。

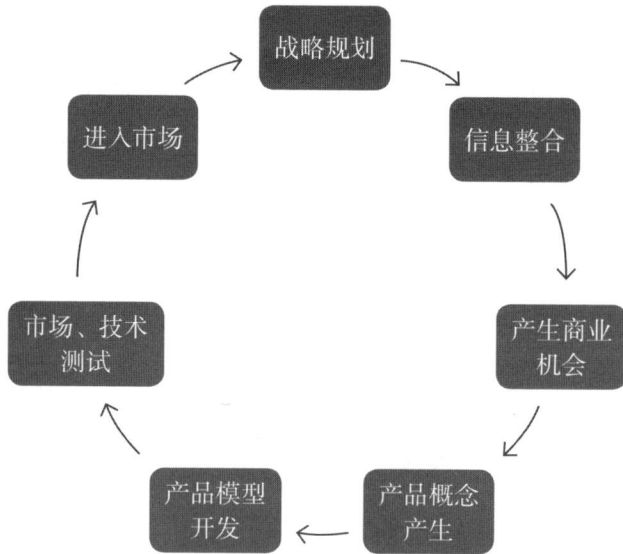

图 11　产品开发具体过程的关键性活动 [1]

以下针对新产品开发具体过程的几个关键性活动做简要介绍：

（一）商业机会筛选

从创意的萌生到商业机会的转变，中间历经了一个极为关键的筛选过程，在这一阶段，市场调研和信息整合起着重要作用。[2]

---

[1] 特罗特·保罗：《创新管理与新产品开发》，严琳译，中国市场出版，2009。

[2] Muaz Mahmud, Danny Soetanto and Sarah Jack, "Environmental Management and Product Innovation: The Moderating Role of the Dynamic Capability of Small Manufacturing Firms," *Journal of Cleaner Production* 264 (2020): 1–13, accessed June 17, 2020, https://doi.org/10.1016/j.jclepro.2020.121633.

（二）消费者筛选

这一阶段也可被称为概念测试，即把消费者对新概念的反应和接受程度作为商业机会筛选的参考依据。但这一测试类型的难度较大，因为消费者市场对于新事物的产生常常持消极态度。

（三）技术筛选

这一阶段也可被称为技术测试，即通过相关领域的专家学者、大学研究所进行技术方面的考查，对于新产品和新商业机会做可行性分析。

（四）商业分析

商业分析涉及的方面较多，包括营销、技术研发、生产制造等模块，可较为全面地对开发环境进行优劣势分析，初步划分产品市场，对后续产品开发做出规划，并对市场反应做出预判。

以上几种筛选方式可作为最终筛选的依据，将消费者测试和技术测试结果赋以权重并计入计算机计算模型。

（五）产品概念产生

在商业机会筛选过后，将会产生相应的产品概念。默尔·克劳福德认为，就产品概念而言，其具有三种必不可少的组成要素，分别为产品形式、技术基础与市场需要。[1]产品形式，是指新产品的具体设计、功能与包装等要素。技术基础是指新产品开发的技术和工艺需要，是创新可行的必要前提。市场需要是指满足消费者利益的需要，也是产品开发的价值前提。

（六）产品模型设计

该阶段是将无形的产品概念转变为有形的具体产品的过程。产品模型设计过程表现出产品的具体设计、功能与包装等要素，也决定了新产品的基本风格。这一过程可能涉及新技术研发、专利使用以及技术转移等模块。

---

[1] Charles Merle Crawford, *New product management* (Homewood, IL: Irwin McGraw Hill, 1997).

（七）技术和市场测试

技术测试是与产品模型设计相辅相成的两个过程，可以说产品设计伴随着技术测试，因为技术是产品模型设计的前提。技术测试包括了安全性、可行性等方面的测试。

市场测试则以试销为常用的测试方法，在产品投入大规模生产和销售之前，进行小范围的选择性销售，从而对市场反应有较为真实有效的反馈预估。在现代社会中，直接销售和互联网销售是试销的主要渠道。

第3节　新服务与服务创新

一、新服务与服务创新的定义

服务本质是产品的一种，既有产品的基本特性又有其突出特点。新服务开发和服务创新是服务管理领域的一个分支，是指为满足市场受众的多样化需求而开发的新服务模块，或是既有服务模块间的相互集成和联合调配。开发新的服务和创新服务能够提高企业绩效，从而成为企业获得竞争优势的关键。随着市场竞争的日趋激烈，顾客需求呈现多样化的趋势，新服务的生命周期也随之缩短。

二、新服务与服务创新的影响要素

（一）市场需求

在知识经济时代，尤其是对于以客户需求为导向的服务产品，客户需求信息对于创新服务企业来说是关键的外部资源，获取客户需求信息至关重要。

（二）内部组织开发管理

因新服务与服务创新对于企业，尤其是知识密集型企业的内部组织管理水平要求较高。企业内部的组织架构、创新与开发过程以及组织文化构建等组织开发管理水平，对于开发和创新服务具有一定的激励或限制作用。

第4节 新服务开发战略与过程

一、新服务开发战略

伴随着知识时代的来临，我国服务行业呈现蒸蒸日上的趋势，知识密集型服务行业更是个中翘楚。众所周知，知识密集型服务业以产品无形化、雇员专业化、高增值性、高科技性等为显著特征，是我国服务业的重要组成部分，在我国社会经济中占据重要地位。

然而，在我国知识密集型服务业快速发展的同时，其创新水平与开发效率等方面与发达国家仍存在较大差距。这说明我国服务业的企业在创造新服务与服务开发这两个方面，依然需要改善开发过程，提高开发效率。[①]

在当今社会，如果说利用现有的产品与服务可以满足市场和消费者的基本物质需求的话，那么利用新服务和服务创新来满足深层或隐性物质需求，甚至迎合消费者的精神需求，则显得更具有挑战性。

在当今时代背景下，商品市场和技术开发愈发显得趋于同质化。在同行业竞争愈演愈烈的商品经济中，有针对性地激活隐性市场需求，客观准确地捕捉深层市场需求以及消费者审美和市场偏好，是创新服务产品在商品市场占据一席之地的关键。总而言之，企业借助创新设计，聚焦于捕捉深层需求，着力于激活隐性需求，运筹于前期研发，制胜于后期竞争。

---

① 范均、高孟立：《知识获取与服务创新》，浙江大学出版社，2015。

二、新服务开发过程

(一) 创意开发阶段

针对新服务而言，创意开发的实质即为挖掘需要与创造需要。需求需要被挖掘，服务需要被发现。开发新服务的起点在于发现潜在的服务需要。

创意开发的技术基础也被专家学者称为"发现系统"。发现系统是创意可行性的关键所在，综合考虑创意中市场受众的新需要、市场产品存在的缺陷与不足，以及新服务的创新性和不可替代性。[①]

1. 消费者研究模型。一般来说，消费者研究模型与创意开发阶段相辅相成。对于消费者行为需求和偏好的挖掘研究可分为定性研究模型和定量研究模型。定性研究所得出的结果常常用作定量研究的基础，通过将定性方法和定量方法相结合，构成了一个较为完备的消费者研究模型。[②]

一个基本的消费者研究模型，从明确目的伊始，收集间接数据，选择研究方法；收集直接数据，进行定性或定量数据分析；最终得出消费者行为审美或偏好方面的结论，用以开展后续创新开发活动。

2. 消费者模型研究方法。定性研究的具体方法主要有深度访谈、焦点小组、抽象调查等，主要由观察描述部分所组成；定量研究也具有多种统计分析方法。总结来说，针对消费者研究模型，主要有以下几种定量和定性分析方法：

语义差分法，又称 SD 法（Semantic Differential Method），是 1957 年美国心理学家查尔斯·埃杰顿·奥斯古德提出的一种心理研究方法。奥斯古德认为，人类对于同一语言词汇或相关概念具有颇为广泛的认知与情感认识。[③]

---

① Shoude Li, Susu Cheng and Dongdong Li, "Dynamic Control of a Monopolist's Product and Process Innovation with Reference Quality," *Applied Economics* 52 (2020): 3933-3950, accessed February 17, 2020, https://www.tandfonline.com/doi/abs/10.1080/00036846.2020.1725418.

② 顾穗珊、周旭、刘俊、王立志、姜辉：《企业产品创新保证要素及量化评价研究》，《工业技术经济》2020 年第 8 期。

③ Charles E. Osgood, George J. Suci and Percy H. Tannenbaum, *The Measurement of Meaning* (Urbana, IL: University of Illinois Press, 1957).

聚类分析法，是一种分类分析法，因为不同变量或是研究对象具有不同程度的相似性和差异性，所以将其分类，选取类别中具有代表性的产品或服务进行分析和研究。

感性工学法，最早由日本学者提出，是一种将人的感性与产品服务设计相联结，通过计算机技术，将市场受众的感受定量或是半定量表达出来的工程方法。具体来说，是将消费者和市场的需求与感受转化为实际的设计要素。

除上述定量和定性分析方法之外，广泛应用的还有主成分分析法和因子分析法，相关分析法和回归分析法等。利用以上分析方法和消费者研究模型，可初步制定新服务等新产品的设计策略，以及具体的设计制造方案，使得消费者和市场的需求、偏好审美等与创新服务开发与生产精准对接，并可用于统筹创新开发活动总过程。[①]

（二）服务模块设计阶段

服务模块设计包括模块开发和模块联调两个内涵。[②]

模块开发主要指针对开发的新创意进行服务新模块的设计、开发与测试，根据消费者研究模型进行新服务模块设计与拓展。和新产品开发过程有所不同的是，新服务的开发涉及范围较小。模块联调是在既有服务系统的基础上，针对服务模块总体流程和完整性方面，通过协调优化服务等措施，解决既有系统的耦合与互动问题。[③]

（三）反馈完善阶段

反馈完善阶段包括"服务引入"和"服务改进"两个步骤。

"服务引入"是指将服务系统导入至客户企业，并使双方员工熟悉新服务的性能和运作细节。这一步骤的主要任务是服务开发人员或培训部门，向营销

---

① 孙滨：《高效协同的组织运营体系是创新业务发展的关键》，《通信企业管理》2020 年第 8 期。

② 王允录：《商业银行金融产品创新的风险管理研究》，《经济管理文摘》2020 年第 14 期。

③ 陶颜、李佳馨：《服务模块化视角下金融企业新服务开发过程模型——多案例研究》，《技术经济》2018 年第 2 期。

人员、客户企业的对口人员进行理论传授和细节指导。[①]

　　"服务改进"包含两个层次的内涵。浅层次的内涵是对客户使用的服务系统进行必要的调整和改进。意义更为重大的是深层次的内涵，即从专用模块向通用模块的改进和服务系统整体的模块性提升。[②]也就是说，具有普适性和可行性的新服务可将其服务产品或模式延伸应用于其他领域，带来广泛的服务创新改革。如淘宝网的新零售服务模式，以互联网技术为基础，借助移动互联网、社交媒体、人工智能、云计算等新技术，将线上传统的电商概念转变为线下线上和物流相结合的"新零售模式"。

第5节　新产品与新服务开发管理

　　时至今日，市场竞争日趋激烈，企业要想在残酷的博杀中存活发展，不断提升市场占有率，拥有独特的核心优势，新产品、新服务的开发必不可少。但是，企业高昂的研发投入并不一定能换回丰厚的回报，"努力了就会有成果"在研发中绝非铁律。美国产品发展和管理协会（PDMA）的数据显示，当前研发的产品进入市场销售的成功率不到60%，同时，由于产业演进、信息革命，产品的生命周期不断缩短，留给企业决策与执行的时间愈发短暂，如此高昂的代价使得企业必须慎重考虑研发投入的战略选择。建立健全一套行之有效的产品开发管理体系，保障企业练就过硬的创新与研发能力，使企业投入于新

---

① Genyun Zhong and Changling Zhou, "Product and Process Innovation: The Implication of Making Comparisons between Uniform Pricing Monopolist and Second-Degree Price Discriminating Monopolist," *Applied Economic* 52 (2020): 4557−4572, accessed March 16, 2020, https://www.tandfonline.com/doi/abs/10.1080/00036846.2020.1737642.

② Weiwei Wu, Zhou Liang, Qi Zhang and Huandi Zhang, "Coupling Relationships and Synergistic Mechanisms between Technology Management Capability and Technological Capability in Product Innovation: A Simulation Study," *Technology Analysis & Strategic Management* 32, no. 9 (2020): 1098−1112.

产品开发的资源、财产能被充分利用，使投入产出比最大化，这对企业的生存发展至关重要。因此，我们必须汲取先进的、优秀的开发管理思想和模式，作为"大众创业、万众创新"浪潮中企业持续成长壮大的基石。本部分将详细阐述关于产品或服务开发管理的一种指导战略及两种理论方法，以供读者参阅。

一、确立新产品（服务）开发战略

产品开发战略是一种经过深思熟虑的计划，以提高实现预期目标或产品愿景计划的成功率，有助于调整和激励团队，并确定日常开发任务的优先级。拥有一个可靠的产品开发战略，就有可能让人相信此产品的潜力。产品开发战略的主要类型包括全新型、换代型、改进型、仿制型，其中"全新型"技术含量与执行难度最大。企业在开展开发管理活动之前必须先明确自己产品或服务的定位与市场环境，结合企业的愿景，怀揣着进取心与理智做出选择，以确保组织资源的合理优化和调配，使产品开发获得最大的效率。

根据美国哈佛商学院教授迈克尔·波特提出的竞争战略观点，企业竞争战略一般包括总成本领先战略、差异化战略、集中化战略。[1]总成本领先战略是指以行业中最低的运营成本建立竞争优势的机制。[2]一个行业的成本领先者通过拥有与同一市场中其他公司相比的最低成本而获得竞争优势，可以通过降低竞争价格，获得市场份额来实现，或者通过以同样具有竞争力的价格获得更高的利润率。差异化战略，顾名思义，就是能够将自身与市场上竞争对手提供的产品或服务及其他同类产品显著区分开的经营战略。它要求开发一种产品或服务，在产品设计、功能、品牌形象、质量或客户服务方面对客户来说是独一无二的，以优越的产品或服务形成竞争优势。集中化战略的理念是开发、营销和销售产品或服务到利基市场（细分市场），例如特定类型的消费者、特定的产品线或目标地理区域。此类型战略的目标是通过比其他人更好地为指定群体服

---

[1] 斯蒂芬·罗宾斯、玛丽·库尔特：《管理学》，刘刚、贵少卿、郑云坚译，中国人民大学出版社，2017。

[2] Michael E. Porter, "Competitive Strategy," *Measuring Business Excellence* 1, no. 2 (1997): 12–17.

务，从而成为既定利基领域的领导者。企业专注战略的目标是成为其服务群体的头部品牌或产品，能够以更高的效率、更好的效果为某一狭窄的战略对象服务，从而在更大范围中超过其他竞争者。[1]以企业竞争战略为导向，落实到产品开发上，就形成了以下五种新产品开发战略[2]（见表8）：

表8　五种不同类型的企业开发产品（服务）战略

类　型	特　征
领袖型开发战略	企业在产品的开发、技术手段的利用、服务的提供方面作为市场的领袖而存在，十分注重产品与服务的创新性与先进性，永远领先是他们的竞争优势。
追随型开发战略	企业追求的是稳扎稳打，密切关注市场前沿动态，对符合自己经营目标的先进产品或优质服务模式进行模仿与革新，尽量扩大市场占有率。
替代型开发战略	当企业的研发能力不足，人才、资金难以支撑高昂的研发代价时，企业采取购买同行业竞争者或上游供应商的科研成果，替代自己新产品中的核心技术或部件。
赌徒型开发战略	企业将大量资源和人才集中于某一产品的开发，孤注一掷，希望凭借可能的革命性产品或服务力挽狂澜，该战略风险与回报都很大。
混合型开发战略	企业仔细审视内部条件与外部环境，混合使用各种开发战略，是一种兼容并包的战略，旨在实现绩效利润最大化与市场经营规模化。

二、门径管理系统

（一）门径管理系统介绍

门径管理系统（Stage-Gate System，SGS），是由新产品管理领域里的著名专家、加拿大教授迈克尔·G·德格鲁特于20世纪80年代创立的一种新产

---

[1] 葛潇斌：《S公司产品开发管理体系优化研究》，硕士学位论文，南京大学，2018。

[2] MBA智库百科：《产品开发战略》，https://wiki.mbalib.com/wiki/产品开发战略，访问日期：2019年10月3日。

品开发（New Product Development，简称 NPD）流程管理技术，并应用于欧美国家及日本的企业，指导新产品开发。[①]门径管理系统是一个概念性和操作性的路线图，用于指导一个新产品项目从创意产生到产品上市的全过程，是在管理产品创新过程中用以提高研发效率和效果的蓝图，是一个建立在最佳实践和关键成功驱动因素中的操作流程（见图 12），因此，如果遵循得当、因地制宜的原则，产品的成功几乎是可以预见的。[②]

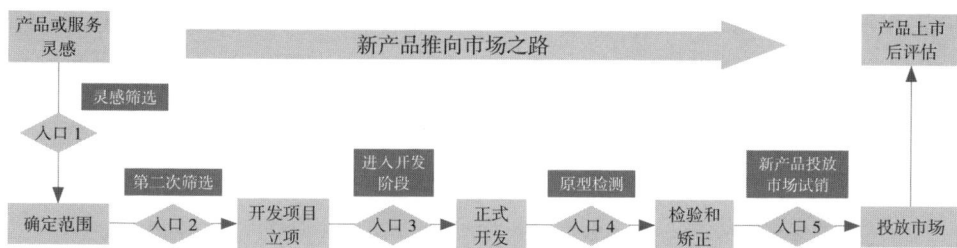

图 12　门径管理系统流程框架图 [③]

此系统将创新过程划分为预定的一系列阶段（图中矩形）。每个阶段都定义了项目团队将要执行的、有规定的、跨职能的协同活动，明确了跨职能项目团队在每个阶段需要完成的任务和需要提交的内容。

每个阶段的入口都是一个门或者说关卡（图中菱形），关卡作为审议执行和质量控制的节点。在这些关卡上，项目由高级管理层审查，他们召开评审会议，审查项目的进展情况，确定是否满足了向前推进所需的标准，或者批准下一阶段的任务和资源，或者在当前阶段迭代以改进不足，或者停止项目，这个过程就是对企业资源分配的决策。一个阶段中的活动旨在用来搜集关键信息并减少项目的不确定性。每一阶段的成本都高于前一阶段，该系统是一种增量承诺型系统。但是随着项目成本的增加，未知和不确定因素被降低，从而有效地

---

① 葛潇斌：《S 公司产品开发管理体系优化研究》，硕士学位论文，南京大学，2018。

② Juliana H. Mikkola, "Management of Product Architecture Modularity for Mass Customization: Modeling and Theoretical Considerations," *IEEE Transactions on Engineering Management* 54, no. 1 (2007): 57–69.

③ Robert G. Cooper, "The Stage-Gate® Product Innovation System: From Idea to Launch," in Wiley Encyclopedia of Management, ed. Cary L. Cooper (New York: John Wiley & Sons, Ltd., 2015).

控制了产品开发的风险，降低了损失。[1] "阶段"和"关卡"的核心管理要素正是门径管理系统名称的由来。

（二）门径管理系统的优势

完善的门径管理系统有如下优势：可以促进产品开发；降低了新产品的市场搁浅风险，能够及早停止开发不良产品项目，修正研发思路；将大公司复杂的产品研发过程用蓝图的形式展现并合理细分，提高了对流程的总体把控；提供开发纲要，有助于关注优先项目、优先流程；具有跨功能协同作用，通过营销、技术以及制造和加工的协同提高核心竞争力，达到协同效应。系统尽管没有单独的研发或市场阶段，但新增了构思阶段，能与各种绩效管理工具有效嫁接。

（三）门径管理系统的局限性

门径管理系统是一个具有普遍意义的新产品开发流程管理技术，但并不能"一招鲜，吃遍天"，将其不加修改地应用于所有企业情景中是行不通的。我们必须针对具体环境和条件，因地制宜地设计与开展门径管理系统。[2]

门径系统中每个关卡的评估是控制流程实施质量的关键。它最大的资源节约和成功之处在于可以提供关卡的把控，尽早淘汰注定失败的项目。但是，一旦评估出错，仍将导致资源浪费，增加企业经营风险。

三、集成产品开发

先进的产品和工艺技术正在迅速发展，一方面，企业竞争趋于全球化，企业所面对的客户强调产品高质量和可靠性的同时，又要求尽可能低的预算；另一方面，当前开发高科技产品的主要挑战是软件和硬件开发活动的集成。这种动态和具有挑战性的环境要求实施集成产品开发概念，以缩短开发周期，提高产品质量和价值。集成产品开发（Integrated Product Development，简称

---

[1] Robert G. Cooper, "The Stage-Gate® Product Innovation System: From Idea to Launch," in Wiley Encyclopedia of Management, ed. Cary L. Cooper (New York: John Wiley & Sons, Ltd., 2015).

[2] 田婧：《以市场为导向的新产品开发流程管理体系研究》，硕士学位论文，东南大学，2006。

IPD）是一种将产品设计、工艺生产和支持过程进行集成设计的模式。IPD 的思想发轫于美国 PRTM 公司《产品及生命周期优化法》一书，书中对这一新型产品开发模式进行了深度的解析与推荐。IBM 公司通过吸取产品及生命周期优化法（Product And Cycle-time Excellence，简称 PACE）模式的精华并进行改造，推出了 IPD 模式，进而形成了一套关于产品开发的方法论体系。PACE 模式强调对生命周期的管理，IPD 模式则强调跨部门协作与并行工程的重要性，特别强调市场的驱动作用。IPD 模式代表了当代新产品开发管理中最重要最著名的一种趋势。

IPD 模式内部的操作逻辑是相互关联的一个整体，而不是"东一榔头西一棒槌"式的方法合集。IPD 模式是通过产品开发过程中某些活动的重叠（指部分或完全并行执行）和交互（指信息交换）来提高新产品开发绩效（指缩短开发时间并提高开发质量）的一种管理方法。然而，由于开发活动重叠和交互增加了协调活动的复杂度，IPD 必须利用产品开发过程的其他方面，包括底层技术开发、产品开发、产品战略管理、市场环境管理和跨职能团队协调等进行流程补偿。[1]

得益于 IPD，企业能够构建市场和客户需求驱动的集成产品开发流程。IPD 认为，开发产品是企业的重大投资，需要谨慎管理，能有效地驱使产品和服务的开发，以实现一系列目标：产品或服务的市场反应弹性化、更短的研发周期、报废与返工项目缩减、开发成本更低、产品与服务能够经受市场考验、量产便捷高效、售后与二次开发更优，以此适应随着产品生命周期的缩短和新产品的增加、频率越来越高的产品开发工作。[2]美国的考夫曼全球咨询公司在所有工业部门、服务业和制造业环境中都发现了这些益处，见表9。IPD 是一个全公司范围的项目，不应该被局限地理解为是一个研发系统内部的项目，各部门不仅需要参与，而且需要投身其中。IPD 十分强调部门协作，这也是"集成"的由来。

① Robert G. Cooper, "The Stage-Gate® Product Innovation System: From Idea to Launch," in Wiley Encyclopedia of Management, ed. Cary L. Cooper (New York: John Wiley & Sons, Ltd., 2015).

② Kaufman Global Inc, "A Kaufman Global White Paper: Integrated Product Development: The Real Story," accessed July 2, 2020, www.kaufmanglobal.com/integrated-product-development/, 2020.

表9 正确应用IPD将给企业带来的收益[1]

产品开发周期	提速	30% – 50%
工程变更次数	减少	60% – 90%
产品零件数量	减少	10% – 70%
研发中报废和返工成本	降低	20% – 75%
产品制造的人工成本	降低	10% – 90%
白领人员工作效率	提高	30% – 200%
产品生产质量等级（制造缺陷）	降低	30% – 90%
公关危机诉讼费用	节约	10% – 90%
产品创新与改进次数	增加	10% – 50%

IPD 拥有一套完整的产品开发周期的系统方法，但它并不是一个独立的工具，而是一种关于工作和员工管理的哲学，采用了一套最佳实践方法。通常，IPD 中存在四个组织团队进行协同工作，[2]见图13。

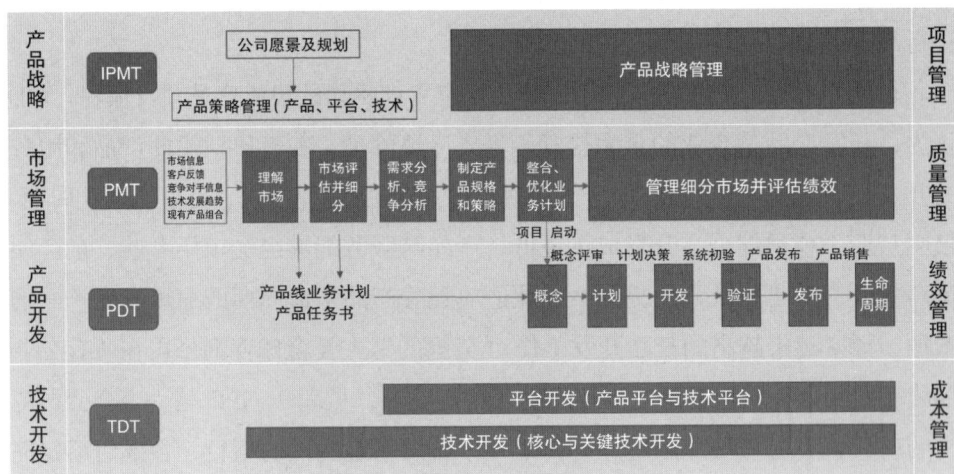

图 13 集成开发整体开发框架[3]

① Kaufman Global Inc, "A Kaufman Global White Paper: Integrated Product Development: The Real Story," accessed July 2, 2020, www.kaufmanglobal.com/integrated-product-development/, 2020.

② 杨锋：《P公司集成产品开发管理优化研究》，硕士学位论文，上海外国语大学，2019。

③ Fred Langerak, "Integrated Product Development," *in Wiley International Encyclopedia of Marketing*, eds. Jagdish N. Sheth and Naresh K. Malhotra (New York: John Wiley & Sons, Ltd, 2010).

（一）集成组合管理团队（IPMT）

集成组合管理团队是产品投资决策和评审的机构，是由公司高管、跨部门团队组成的。该机构负责拟定公司使命、愿景和战略方向，并对新产品线的创建进行决策。

（二）产品开发团队（PDT）

产品开发团队作为一个虚拟组织，一般由产品经理或项目经理负责，其成员在开发期间一起工作，具有矩阵型组织结构。

（三）产品生命周期管理团队（PMT）

产品生命周期管理团队能够协同研发、制造、销售、使用、安全部门等各方面资源，从根本上保障产品在生命周期中高效、有序，并使产品保持低故障率。

（四）技术开发团队（TDT）

利用从科学研究和试验中获得的知识或技术，为产品开发提供新的工艺和服务改进方案。

IPD 的核心理念是创造一种基于市场、研发、制造、客户服务、财务、销售、采购等全方位的人员组成的贯穿整个产品业务流程的管理模式，它掌控了产品生命周期的完整过程，即从市场需求、概念形成、产品研发、产品审查、产品试销、产品改良等直到产品完成历史使命的过程，由市场管理、流程重组、产品重组三个上级模块进行管控。[①]集成产品开发有 8 大核心思想，值得管理人员在应用 IPD 时特别注意（见表 10）。IPD 流程事实上将企业价值创造的核心过程进行了重塑，使产品开发更加关注客户需求与市场竞争，建立起规范的结构化开发过程，并且通过改善过程管理模式和采用合适的信息技术工具与平台，逐步建立完善的企业文档与产品数据管理机制，使得整个开发过程更加科学、高效，开发的产品或服务更加适应市场和企业的双向需求，显著降低

① 杨锋：《P 公司集成产品开发管理优化研究》，硕士学位论文，上海外国语大学，2019。

成本与风险。[1]

表10　集成产品开发8大核心思想 [2]

IPD 核心 思想	产品开发是投资行为	跨部门协同
	基于市场和客户需求的驱动	结构化的并行开发流程
	基于平台的异步开发模式和重用策略	产品线与能力线并重
	技术开发和产品开发分离	职业化人才梯队建设

①吴丽亚:《海尔集团产品开发管理模式研究》，硕士学位论文，中国海洋大学，2013。
②同上。

第7章 新创企业团队文化建设

随着经济发展大环境的变革，创业对于技术、资金、物资等方面的要求逐渐升高，对资源的需求也逐渐往全方位、深层次的方向发展。由个体独自承担各类资源整合与技术支撑的个体创业逐渐走向死胡同，取而代之的，是各类创业团队如雨后春笋般的蓬勃发展。团队意味着更加丰富的技术支持与更为多元的社会网络，这为创业的成功增加了一定的筹码。为了使团队内的各种资源得以有效利用，提高新创团队的整体绩效，团队的整体建设逐渐成为学术界的热门研究对象。随着现代企业逐步进行管理实践，现代管理学经历了古典的管理论、行为科学的管理论、管理丛林的管理论，20世纪80年代以来，又出现了战略管理、企业文化管理等新兴的管理理论。在团队中，文化建设成为团队建设的核心内容之一。一个企业是否具有良好的企业文化，对于其是否能持续健康发展起到至关重要的作用。基于此，本章将从创业团队及企业文化两方面进行介绍，拟对创业路上的团队提供团队建设与文化建设的相关建议。

第1节　创业团队的概念与作用

一、创业团队的概念

有关团队的概念，学界已有较为成熟的论述。在早期，肖克把团队定义为两个或两个以上为完成共同任务而协调行动的个体所构成的群体。该定义与组织的定义有一定相似之处。[①]奎克在进一步突出"共同目标"的重要性后，强调了团队成员应各自拥有擅长的专业并能够相互支持与合作。[②]在此之后，卡岑巴赫和史密斯对团队概念进行了进一步完善，在引入"绩效标准"的概念后，将团队定义为才能互补、根据共同的目标设定绩效标准、依靠互相信任来完成目标的群体。[③]至此，传统意义上"团队"的概念已较为成熟。

在团队概念的基础之上，针对创业这一特殊活动，不同学者从多方面对创业团队的概念进行了定义。卡姆、舒曼、西格等[④]从所有权角度指出，创业团队是两个或两个以上参与公司创立过程并投入同比例资金的个人。[⑤]但在同一团队中，各成员出资比例往往各不相同。于是，经过沃森、庞德、克里特利、库尼等人的修正后，创业团队被定义为积极参与企业发展且有重大财务利益的两个或更多的人。[⑥]库尼认为，强调"积极参与"可以排除只投资而不参与管理的"睡觉或沉默投资人"，进而将风险投资人、银行和其他投资机构排除在外；强调"有重大财务利益"，是因为企业里实际上只有很少几个合伙人拥有平等的财务利益，这样可排除投资过少的非核心成员。[⑦]

除所有权角度外，人员构成及团队共性同样是创业团队概念定义的重要角

---

① James H. Shonk, *Working in Teams: A Practical Manual for Improving Work Groups* (New York: Amacom, 1982).

② Thomas L. Quick, *Successful Team Building* (New York: AMACOM, Chicago: American Management Association, 1992).

③ Jon R. Katzenbach and Dougals K. Smith, *The Wisdom of Teams: Creating the High-Performance Organization* (New York: Harvard Business Review Press, 1993).

④ Judith B. Kamm, Jeffrey C. Shuman, John A. Seeger and Aaron J. Nurick, "Entrepreneurial Teams in New Venture Creation: A Research Agenda," *Entrepreneurship Theory and Practice* 14, no.4 (1990): 7–17.

⑤ 同上。

⑥ Warren E. Watson, Louis D. Ponthieu and Joseph W. Critelli, "Team Interpersonal Process Effectiveness in Venture Partnerships and Its Connection to Perceived Success," *Journal of Business Venturing* 10, no. 5 (1995): 393–411.

⑦ Thomas M. Cooney, "What is an Entrepreneurial Team?" *International Small Business Journal* 23, no. 3 (2005): 226–235.

度。加特纳、谢弗、盖特伍德等指出，创业团队应该包括对战略选择产生直接影响的个人，即应把占有较多股份的创投者包括在内。[①]在加特纳的基础上，恩斯利、卡兰等进一步解释了共同创办人的作用，[②]哈珀则强调了共同目标的可实现性，[③]帝胡拉等特别提到了创业团队中新创企业所有者和经营者需共同承担的创业风险。[④]施约特和克劳斯等在整合以上定义的基础上给出了一个更加全面的创业团队定义，他们认为："创业团队由具有财务或其他利益，对新创企业做出过承诺且未来能从新创企业成功中获取利益的两个或更多的人构成。"[⑤]

从不同学者的定义可以看出，创业团队的概念除了要考虑传统团队的要素，还需兼顾创业活动中存在的资金投入、战略决策、风险承担等方面。本文使用朱仁宏等在总结前人观点后总结的概念，即创业团队是由两个或以上具有共同愿景和目标，共同创办新企业或参与新企业管理，拥有一定股权且直接参与战略决策的人组成的特别团队。[⑥]因此，创业团队研究的概念框架应该由团队规模、成员构成、共同愿景与目标、所有权与经营权配置、团队合作方式与职责、社会角色和团队存续时间等要素构成。

二、创业团队的分类

在对创业团队的概念进行分析后可以发现，在共同目标的指引下，各团队的成员要素各有不同，其类型也有一定的差异。创业团队通常有四种分类。

---

① William B. Gartner, Kelly G. Shaver, Elizabeth Gatewood and Jerome A. Katz, "Finding the Entrepreneur in Entrepreneurship," *Entrepreneurship Theory and Practice* 18, no. 3 (1994): 5–10.

② Michael D. Ensley, James W. Carland and Joann C. Carland, "The Effect of Entrepreneurial Team Skill Heterogeneity and Functional Diversity on New Venture Performance," *Journal of Business and Entrepreneurship* 10, no.1 (1998): 1–14.

③ David A. Harper, "Towards a Theory of Entrepreneurial Teams," *Journal of Business Venture* 23, no. 6 (2008): 613–626.

④ Sanna Tihula, Jari Huovinen and Matthias Fink, "Entrepreneurial Teams vs Management Teams: Reasons for Team Formation in Small Firms," *Management Research News* 32, no. 6 (2009): 555–566.

⑤ Leon Schjoedt and Sascha Kraus, "Entrepreneurial Teams: Definition and Performance Factors," *Management Research News* 32, no. 6 (2009): 513–524.

⑥ 朱仁宏、曾楚宏、代吉林：《创业团队研究述评与展望》，《外国经济与管理》2012 年第 11 期。

一是通过成员既有关系分类。一些创业团队成员通常"天生"就有家族或泛家族关系。[1]这种创业团队的成员是靠先前的某种关系才能走到一起，如血缘、亲缘、地缘、学缘、事缘及其他友缘等。[2]二是通过资源属性分类。通过文献梳理，根据现有的创业团队研究以及团队理论和资源基础理论，可将创业团队分为同质性创业团队和异质性创业团队。三是通过认知特征分类。哈珀按照知识协调程度与认知是否一致这两个标准把创业团队分为罗宾逊或节约型团队、单成员团队、混合团队、嵌套团队四种。[3]四是依照团队组成方式分类。组成方式中一类是核心主导型创业团队，通常是先有某人想到一个商业点子或发现了商机，然后以自己为核心组建创业团队；另一类则是所谓的群体型创业团队，通常主要由志趣相投的伙伴组成。

三、创业团队的作用

现代企业应当从一开始就走规范化管理道路，创业团队正是为此而生。创业团队对整个企业的前进与发展具有重要作用。纳德勒、格斯坦等指出，建立创业团队的目的就是要通过整合团队成员的各类资源，结合各成员的优势，使新创企业应对环境不确定性的能力得以提高。[4]创业团队作为企业成立的核心组织，承担了企业初期内合资源、外拓业务的责任。因此，在整合成员资源的基础上，创业团队还需充分发掘业务方向以促使企业能够寻找到合适的发展路径。

---

[1] Jeffry A. Timmons, "Careful Self-Analysis and Team Assessment Can Aid Entrepreneurs," *Harvard Business Review* 57, no. 6 (1979): 198–206.

[2] Ian C. Macmillan, Robin Siegel and P. N. Subba Narasimha, "Criteria Used by Venture Capitalists to Evaluate New Venture Proposals," *Journal of Business Venturing* 1, no. 1(1985): 119–128.

[3] David A. Harper, "Towards a Theory of Entrepreneurial Teams," *Journal of Business Venture* 23, no. 6 (2008): 613–626.

[4] David A. Nadler, Marc C. Gerstein and Robert B. Shaw, *Organizational Architecture: Designs for Changing Organizations* (San Francisco CA: Jossey-Bass, 1992).

第 2 节 高效创业团队的特征与建设

组建创业团队是为了能够顺利完成企业初期阶段的积累以及之后高效、健康且可持续的发展。因此，创业团队自身运作的高效性至关重要，它关系到整个企业发展的方向，在企业中可谓"牵一发而动全身"。基于其重要性，了解高效创业团队的特征与建设路径十分有必要。

一、创业团队效率的影响因素

（一）团队构成

创业团队效率的高低受多方面因素影响。从团队运作整体流程的角度分析，首先影响创业团队效率的因素是团队构成。团队构成是创业团队组建伊始就需要着重考虑的内容。根据高层梯队理论，高管人员的认知、价值观和个体特性影响他们对环境情境的诠释，也影响他们的过程行为和选择，进而影响组织的绩效水平。[1]在企业中，创业团队成员通常会是后期经营中的核心高管成员，他们的构成情况对新创企业的战略选择与绩效水平，乃至持续发展能力都有深远影响。[2]因此，创业团队成员的构成背景是新创企业战略选择和绩效水平的重要依据。石书德等综合现有的实证研究，总结出对新创企业绩效具有重要影响的四个团队构成特征，即存在特殊的团队成员、团队成员的先前关联、团

---

[1] Donald C. Hambrick and Phyllis A. Mason, "Upper Echelons: The Organization as a Reflection of Its Top Managers," *Academy of Management Review* 9, no. 2 (1984): 193−206.

[2] Maw-Der Foo, Hock-Peng Sin and Lee-Pen Yiong, "Effects of Team Inputs and Intrateam Processes on Perceptions of Team Viability and Member Satisfaction in Nascent Ventures," *Strategic Management Journal* 27, no. 4 (2006): 389−399.

队异质性和团队经验。[1]各因素中对企业绩效有积极影响的特征见图 14：

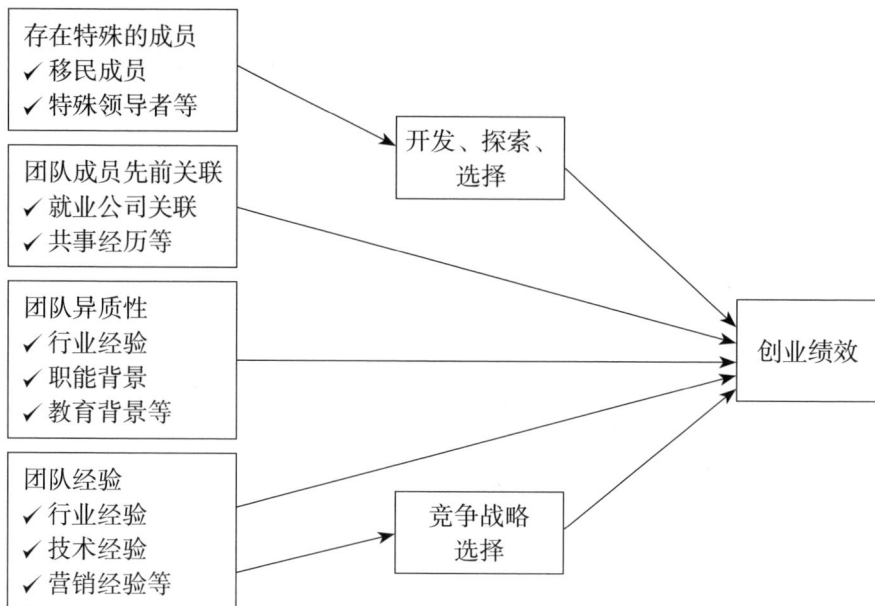

图 14　创业团队构成特征与绩效关系

在团队构成方面，诸多学者也对不同的团队构成对绩效的影响进行了补充。在团队异质性方面，古柏和戴利指出，如果创业团队成员能够在技能、知识和能力方面有一定的互补，那么创业团队的效率就会有所提高。[2]而在更早的时候，菲利和他的同事便发现，同质的创业团队完成常规任务的效率较高，异质、互补团队更擅长完成非常规任务。[3]除了异质性，卡姆和钮里克发现，选择创业团队成员的一个更重要的标准是有共同的创业兴趣或创业驱动

---

① 石书德、张帏、高建：《影响新创企业绩效的创业团队因素研究》，《管理工程学报》2011 年第 4 期。

② Arnold C. Cooper and Catherine M. Daily, "Entrepreneurial Teams," *in Entrepreneurship 2000*, eds. Donald L. Sexton and Raymond W. Smilor (Chicago: Upstart, 1997).

③ Alan C. Filley, Robert J. House and Steven Kerr, *Managerial Process and Organizational Behavior* (Glenview, IL: Scott Foresman and Co, 1976).

力。[1]罗恩施塔特和舒曼指出，创业兴趣或驱动力若能与企业的使命相结合，那么就比较容易取得创业成功。[2]也有学者从团队成员的人际关系出发进行研究，黛博拉和威廉发现，创业团队成员创业前的友情越是深厚，就越能快速完整地组建创业团队，团队依靠隐性契约而不是显性契约的程度就越高，成员投资于创业的个人资产也越多。概括来说，团队构成的合理性与稳定性，对创业团队的效率高低有着重要的影响。

（二）团队合作过程

仅依靠合理的团队组成，不足以使一个创业团队成为有效的团队，还需要通过合适的团队合作过程行为和状态，实现团队的有效运行，进而创造出好的创业绩效。团队合作过程通常分为心理维度、行为维度和整合维度三类。各维度对团队效率的影响情况见表11。

表11 团队合作过程维度影响因素表

团队合作过程维度	过程变量	具体研究
心理维度	信任、凝聚力、团队承诺	1. 信任程度越高的团队中，成员越愿意去分享信息，有助于团队制定决策；[3] 2. 新创企业高管团队凝聚力不仅直接影响企业绩效，而且可以减少团队成员之间的情感冲突，增加认知冲突，间接影响企业绩效；[4] 3. 团队承诺对创业团队效率的提高具有正向作用。[5]

---

[1] Judith B. Kamm and Aaron J. Nurick, "The Stages of Team Venture Formation: A Decision-making Model," *Entrepreneurship Theory and Practice* 17, no. 2 (1993): 17−27.

[2] Robert Ronstadt and Jeffrey Shuman, *Venture Feasibility Planning Guide* (Natick, MA: Lord Publishing, 1988).

[3] Ruth Blatt, "Tough Love: How Communal Schemas and Contracting Practices Build Relational Capital in Entrepreneurial Teams," *Academy of Management Review* 34, no. 3 (2009): 533−551.

[4] Michael D. Ensley, Allison W. Pearson and Allen C. Amason, "Understanding the Dynamics of New Venture Top Management Teams: Cohesion, Conflict, and New Venture Performance," *Journal of Business Venturing* 17, no. 4 (2002): 365−386.

[5] Sanjib Chowdhury, "Demographic Diversity for Building an Effective Entrepreneurial Team: Is It Important?" *Journal of Business Venturing* 20, no. 6 (2005): 727−746.

（续表）

团队合作过程维度	过程变量	具体研究
行为维度	冲突、争论、公开沟通、领导行为	1. 新创企业高管团队的认知冲突有利于提升企业绩效，而情感冲突不利于提升企业绩效；[①] 2. 新创企业高管团队的争论能够提升战略决策的全面性；[②] 3. 团队公开沟通能提升新创企业团队的生存能力及团队的满意度；[③] 4. 在创立5～7年的企业中，授权式领导行为总体上不利于创业企业绩效，但是直接领导行为有利于企业绩效。[④]
整合维度	行为/社会整合、集体认知、团队理解力、企业家精神	1. 团队社会整合能提升团队生存能力感知和团队满意度；[⑤] 2. 团队理解力正向影响产品创新强度和企业绩效；[⑥] 3. 集体认知分为差异化和整合两个维度，这两个维度都与创业绩效呈倒U形关系，即太多的整合或差异化都不利于企业发展。

（三）团队维护

团队维护同样是创业团队保持高效的必要条件。首先，团队的异质性会

---

① Michael D. Ensley and Craig L. Pearce, "Shared Cognition in Top Management Teams: Implications for New Venture Performance," *Journal of Organizational Behavior* 22, no. 2 (2001): 145−160.

② Till Talaulicar, Jens Grundei and Axel v. Werder, "Strategic Decision Making in Start-Ups: The Effect of Top Management Team Organization and Processes on Speed and Comprehensiveness," *Journal of Business Venturing* 20, no.4 (2005): 519−541.

③ Maw-Der Foo et al., "Effects of Team Inputs and Intrateam Processes on Perceptions of Team Viability and Member Satisfaction in Nascent Ventures," *Strategic Management Journal* 27, no. 4 (2006): 389−399.

④ Keith M. Hmieleski and Michael D. Ensley, "A Contextual Examination of New Venture Performance: Entrepreneur Leadership Behavior, Top Management Team Heterogeneity, and Environmental Dynamism," *Journal of Organizational Behavior* 28, no. 7 (2007): 865−889.

⑤ Maw-Der Foo et al., "Effects of Team Inputs and Intrateam Processes on Perceptions of Team Viability and Member Satisfaction in Nascent Ventures," *Strategic Management Journal* 27, no. 4 (2006): 389−399.

⑥ Hanyang Li and Yan Zhang, "Founding Team Comprehension and Behavior Integration: Evidence from New Technology Ventures in China" (Best Paper Proceedings of Academy of Management, Denver, Colorado, August 11−14, 2002).

导致创业团队内部关系出现冲突，进而对创业产生不利影响。其次，团队决策的过程中，可能出现团队政治行为，即为提升或保护自己的利益而故意采取的行动。基于这两方面，需要有一套规则、契约或制度，形成被大家认可的合作制度框架，使团队维护形成积极的动态过程，才有可能实现团队利益的最大化，这就是创业团队的维护。

二、高效创业团队的建设

基于对创业团队的构成及其效率影响因素的分析，以下将从创业团队的部分特质出发，对如何建设高效创业团队提出建议。

（一）团队异质性的利用与冲突管理

根据通常的理解，创业团队中内部成员的高异质性往往会导致其在面对问题以及需要做出决策时产生分歧，当意见相左的情况较多时，往往会使团队内部的和谐程度降低。但实际上，团队冲突并不一定产生负面影响。研究表明，团队冲突在一定程度上能够加强团队成员之间的交流沟通，从而有助于增强团队的凝聚力，同时能为任务的解决提供更多的思路。因此，合理利用创业团队的异质性，在冲突管理的过程中注意讨论方向的把控，能够使创业团队更加高效。

团队异质性、冲突管理以及团队效率之间存在一定的联系。专家学者通过实证研究发现，合作式的冲突会强化创业团队的产业经验异质性[①]和服务创新性，而对抗式与让步式冲突往往会影响创业团队产业经验异质性优势的发挥，职能经验异质性[②]较强的团队通常难以借助合作式冲突来谋求交易结构创新。[③]因此，针对自身团队异质性的特点，在团队冲突发生时，内部成员应及时控制冲突发生的程度与方式。当自身团队产业经验异质性较强时，应保证冲

[①] 产业经验异质性，指创业团队成员在新企业从事相关产业的工作经验的差异程度。

[②] 职能经验异质性，指不同团队成员针对特定职能任务的知识差异程度。

[③] 杨俊、田莉、张玉利、王伟毅：《创新还是模仿：创业团队经验异质性与冲突特征的角色》，《管理世界》2010 年第 3 期。

突不进一步演化为对抗，尽量在协商的过程中达成共识；当职能经验异质性较强时，则应避免发生合作式的冲突，才能保证创业团队的持续高效。

（二）加强团队成员的情绪劳动

要保证创业团队高效运营，团队成员自身的积极性有着十分重要的作用，故在此引入"情绪劳动"的概念。情绪劳动和体力劳动、脑力劳动一样，会产生价值增值。[①]霍奇希尔德首次提出情绪劳动，他认为情绪劳动是为达到某种目的，对内心活动进行控制和管理，从而在公众面前表现出特定的情绪或行为。[②]迪芬多夫、克罗伊和戈塞兰德在对情绪劳动的内涵进行补充后提出，情绪劳动是个体为符合组织期望，在对内或者对外交互活动中对失调情绪的控制和调节加工的过程。[③]简而言之，情绪劳动是个体为完成某项任务，对自身情绪进行的积极调控。情绪劳动分为浅层表达和深层表达两种方式。浅层表达是个体表现出符合组织期望的情绪的过程，通常包含调节消极情绪和扮演积极情绪两个部分。深层表达是个体为迎合组织的要求对情绪进行调整、控制、加工的过程，是个体对情绪的内在体验和消化的过程。徐海玲等通过实证研究发现，情绪劳动的浅层表达与深层表达均能够正向影响创业的企业绩效。[④]这表明，在创业团队中，成员符合组织行为规范的情绪表达能够促进创业企业绩效的提升，也启示我们应多关注创业团队成员的心理建设，保证成员能够进行积极的情绪表达。

---

① Arlie Russell Hochschild, "Emotion Work, Feeling Rules, and Social Structure," *American Journal of Sociology* 85, no. 3 (1979): 551−575.

② Arlie Russell Hochschild, *The Managed Heart: Commercialization of Human Feelings* (Berkeley, CA: University of California Press, 1983).

③ James M. Diefendorff and Robin H. Gosserand, "Understanding the Emotional Labor Process: A Control Theory Perspective," *Journal of Organizational Behavior* 24, no. 8 (2003): 945−959.

④ 徐海玲、葛世伦、田剑、李锋：《创业团队情绪劳动对创业绩效作用机理的跨层研究》，《软科学》2020 年第 7 期。

第 3 节 企业文化的概念、内涵与功能

近 30 年来，企业文化在我国理论界、企业界都受到了比较普遍的关注和重视，越来越多的经营者相信，企业能否取得成就和发展，与企业是否拥有有活力的企业文化有很大的关系。对于创业团队来说，企业初创期所形成的内部文化，对日后企业的发展路径与可持续性都有着重要影响。因此，增加对企业文化的认知，了解其内涵与功能，对创业团队来说同样是不可或缺的一课。

一、企业文化的概念

在阐释企业文化的概念前，首先应对文化的概念有一定的了解。文化在《牛津现代辞典》中的定义为：人类能力的高度发展，借训练与经验而促成的身心发展、锻炼、修养。自 20 世纪以来，随着管理学的不断发展，管理的方法与技术逐渐被众多企业所掌握。此时，不同的企业形成了独具风格的管理模式，这形成了企业文化的雏形。企业文化具体概念的出现，应追溯到 20 世纪 80 年代的美国。陈春花在总结前人的研究后提出，企业文化是指企业在一定价值体系指导下所选择的那些普通的、稳定的、一贯的行为方式的总和，主要包括企业制度文化和企业外显文化。①

二、企业文化的内涵

企业文化的内涵较为多样化，在传统理解中，企业文化通常包括五个要素，即企业环境、价值观、英雄人物、文化仪式和文化网络。②企业环境是指

---

① 陈春花：《企业文化的改造与创新》，《北京大学学报（哲学社会科学版）》1999 年第 3 期。
② 刘光明：《企业文化教程》，经济管理出版社，2008。

企业内部针对其业务方向而形成的共识，包括企业的性质、行业、经营方向、企业的文化设施等等，它决定着企业文化的特色和企业员工的行为特点。[①]价值观是企业文化构成的核心，是企业内部所有成员遇事所做出的价值判断，包括决策等正确与否、其效仿的行为是否值得推崇等。[②]统一的价值观使企业每个员工的观念与行为都受到一定的引导。英雄人物是企业的标杆人物，他们能将抽象的企业文化具象化，对企业文化的成形与强化起着重要的作用。文化仪式是指通过一些文化形式，将企业日常的生活戏剧化，进而帮助价值观念的传播。[③]文化网络是一种非正式的信息传播渠道，在特殊的场合与时间发挥其作用与优势。

总体来说，企业文化是企业内部成员的观念形态，以企业的价值体系为基础，对企业的管理有重要影响。[④]狭义来说，它指企业生产经营实践形成的一种基本精神和凝聚力，是一种行为准则；广义来说，它包括企业领导人员和员工的文化素质及文化行为。我们也可以将企业文化分成三个层次：一是物质文化层次，即企业环境以及一些文化建设；二是制度文化层次，包括企业中那些长期形成的习俗、礼仪、习惯、成文或虽不成文但已约定俗成的制度等；三是最核心的精神文化层次，主要是指价值观念。[⑤]

三、企业文化的功能

企业文化深入企业内部，作为企业运营发展的内在价值观，对企业存在着方方面面的影响。[⑥]目前，学界对企业文化功能的研究通常分为四个维度，即导向、规范、凝聚与激励作用。[⑦]

[①] 特伦斯·E·迪尔、艾伦·A·肯尼迪：《新企业文化》，孙建敏、黄小勇、李原译，中国人民大学出版社，2009。

[②] 陈春花：《企业文化的改造与创新》，《北京大学学报（哲学社会科学版）》1999 年第 3 期。

[③][④][⑤] 同上。

[⑥] 陈丽琳：《企业文化的新视野》，四川大学出版社，2004。

[⑦] MBA 智库百科：《企业文化功能》，https://wiki.mbalib.com/wiki/ 企业文化功能，访问日期：2019 年 11 月 2 日。

（一）导向功能

企业文化作为广大职工共同的价值观与追求，对职工具有强烈的感召力。这种感召力往往形成较早，能够长期地引导职工为实现企业的目标而努力。当企业文化崇尚的是诚信、勤奋等良好品质时，整个企业都会形成良好的氛围，员工也会被引导至正确的方向；当企业的文化偏向欺骗、偷懒等不良品质时，员工的也会朝着消极的方向发展。

（二）规范功能[①]

企业文化是不成文的行为准则，对企业的成员有一定的约束和规范作用。成员通常会因为符合企业内部准则的行为受到承认和赞扬，进而获得心理上的平衡与满足；反之，则会产生失落感和挫折感。因此，组织的一员往往会自觉地服从那些根据全体成员根本利益而确定的行为准则，产生"从众"行为，进而对企业产生积极影响。这就是企业文化的规范功能所在。

（三）凝聚功能[②]

美国学者凯兹·卡恩认为，在社会系统中，将个体凝聚起来的主要是一种心理力量。企业文化能够使企业成员形成一种心理暗示，进而产生对企业目标、准则、观念的认同感与使命感。同时，在文化氛围的作用下，企业成员能够通过自身的感受，产生对本职工作的自豪感和对企业的归属感。各种积极情感的形成，使职工凝聚，形成合力，共同促进企业发展。[③]

（四）激励功能[④]

所谓激励，就是通过企业领导者或管理者的外部启发和刺激，使个体产生一种情绪高昂、奋发进取的效应。[⑤]在一个良好价值观的指导下，每个成员

[①] 韩利红、赖应良：《管理学》，西南交大出版社，2017。

[②] 同上。

[③] 陈春花：《企业文化的改造与创新》，《北京大学学报（哲学社会科学版）》1999 年第 3 期：51—56。

[④] 韩利红、赖应良：《管理学》，西南交大出版社有限公司，2017。

[⑤] MBA 智库百科：《企业文化功能》，https://wiki.mbalib.com/wiki/ 企业文化功能，访问日期：2019 年 11 月 2 日。

所做出的贡献，都会受到青睐，得到领导的赞赏和集体的褒奖。在合适、积极的企业文化的影响下，各成员会因受到鼓励和褒奖而不断努力。古继宝等通过实证研究，发现企业文化的激励作用对员工绩效有着积极影响。[①]可见企业文化对推进企业发展起到重要作用。

第4节　新创企业文化建设的意义与方法

"企业文化通常是在一定的生产经营环境中，为适应企业生存发展的需要，首先由少数人倡导和实践，经过较长时间的传播和规范管理而逐步形成的。"[②]企业初创时期并不具备成熟且被广泛接受的企业文化，企业文化需要在实践中逐渐得到所有成员的认可。由此可见，企业文化的形成与建设是一个长久且持续的过程。

一、企业文化的形成

"企业文化是在一定环境中因企业生存发展的需要而逐步形成的，企业文化的核心价值观就是在企业图生存、求发展的环境中形成的。"[③]在企业发展的过程中，客观条件总会对企业产生某些制约。"为了适应和改变客观环境，就必然产生相应的价值观和行为模式。同时，只有能促进企业生存发展的文化才能被多数员工接受，才能拥有强大的生命力。"[④]

企业文化发端于少数人的倡导与示范，也是逐步完善、不断规范管理的精神结果。企业文化实质上是以新思想取代旧思想及行为方式的过程。[⑤]在实

[①] 古继宝、李妍：《文化的激励功能及其对员工工作满意度影响研究》，《管理学报》2009年第9期。
[②] 黎群：《试论企业文化的形成机制与建设》，《北方交通大学学报》2001年第5期。
[③][④][⑤] 同上。

践中，一些对企业发展具有消极作用的文化会逐渐浮现，慢慢被大多数成员摒弃。因此，只有不断地修正与规范，企业文化才能真正为企业发展服务。

二、企业文化的建设[1]

（一）合理确定内容

在确定企业文化内容的过程中，应考虑以下几点：

1. "结合企业的未来目标和任务考虑文化模式。"[2]企业文化的建设应随着企业的发展不断进行调整，根据外部环境与发展目标的变化而变化。[3]

2. 构建企业的共性文化和个性文化。根据外部大环境，各企业构建存在共性的企业文化。但又因"各企业在自然资源、经济基础、人员构成等方面存在差异，会产生不同的个性文化特点。例如投资大、见效慢、风险性较大的企业，一般需要远见卓识、深思熟虑、严谨的态度和作风，而生产生活消费品的企业则要求灵活、机敏的作风"[4]。

3. 吸收采纳各类文化。[5]如松下电器有限公司，在采纳各类文化的基础上产生了自己独特的见解。公司要求各国的负责人在回国时，首先将负责的各类企业文化进行汇总，并向总公司进行陈述报告。需要注意的是，在吸收各企业文化的过程中，还应进行一定的筛选，不能一概收之，要考虑本公司自身原有的文化，以及外界环境的适应性，有选择性地吸收、采纳。

4. 注重发展战略，结合企业精神。[6]企业文化要配合企业发展战略的需要，为企业发展服务。企业的发展战略是企业前进的方向，企业文化应对企业前进的方向有一定的指导与修正作用。"企业精神是企业文化的核心，是企业的精神支柱。企业精神的内容要与企业发展战略相适应。"[7]

---

① 黎群、王莉：《企业文化》，清华大学出版社；北京交通大学出版社，2008。
② 黎群：《试论企业文化的形成机制与建设》，《北方交通大学学报》2001 年第 5 期。
③ 王吉鹏：《企业文化建设》，中国发展出版社，2005。
④ 黎群：《试论企业文化的形成机制与建设》，《北方交通大学学报》2001 年第 5 期。
⑤⑥⑦ 同上。

（二）宣传倡导，贯彻落实①

1. 领导者的带头作用。企业文化的推行，离不开领导者的率先示范。一个企业，领导者应是企业文化建设的先行者，其行为应与企业文化紧密联系。同时，领导者不能单纯做一个执行者，还应当做好推广工作，身体力行地将企业文化渗透至每一个角落。

2. 完善制度，体系保证。企业文化对员工的影响是全方位的，应当做到"软硬兼施"。"在培育企业职工整体价值观的同时，必须完善健全必要的规章制度，使员工的思想行为既有价值观的导向，又有制度的规范。同时，在建设企业文化时，要调整好企业内部的组织机构，建立企业文化建设所要求的组织体系。"②

3. 加强培训，提高素质。若员工素质不足，企业文化建设只能是空谈。加强培训，不断提高企业员工基本素质，是建设企业文化的基础保障。例如，在松下电器有限公司，每一个走上工作岗位的年轻人，都必须首先接受职业道德、经营思想、集体意识、自我修养的集训，进行语言、待人接物的礼节教育，考试合格后才被录用。③

（三）积极强化，持之以恒④

企业员工的价值观、信条、口号等文化要素，是企业文化不断积极强化的产物。企业文化建设应是一个长期的过程，短期突击只会揠苗助长。调整企业文化的模式，不仅要长期积累新文化，还要同旧文化的"惰性"做反复较量、长期斗争。在学习、借鉴其他文化时，要经过鉴别以决定取舍，且要经过长时间的消化领会，才能把它们吸收进自己的文化里。⑤因此，企业文化建设是件不断努力、持之以恒的事情。

---

① 黎群、王莉：《企业文化》，清华大学出版社；北京交通大学出版社，2008。

② 黎群：《试论企业文化的形成机制与建设》，《北方交通大学学报》2001年第5期。

③ 同上。

④ 谢卫民、李日：《工业企业管理基础知识》，浙江大学出版社，2008。

⑤ 黎群、王莉：《企业文化》，清华大学出版社；北京交通大学出版社，2008。

第8章　新创企业的运营管理

现代管理学之父彼得·德鲁克认为，新创企业需要的管理虽然区别于传统管理，但也需要有系统、有组织、有目标。[1]在这一章，我们将从人力、技术、产品、市场、财务五个方面讨论新创企业的管理问题，以期企业能平稳运营、持续发展。

第1节　组织设计与人力资源管理

一、组织设计

组织设计是组织结构与活动的设计过程，其中组织结构的设计是重中之重。[2]组织结构会影响员工的行为与态度，在某种程度上制约或指导员工的行为，合理的组织结构能够提高管理效率。所以一个清晰、符合现状的组织结构是新创企业平稳运营所必不可少的。

---

[1] 彼得·德鲁克：《创新与创业精神》，张炜译，上海人民出版社，2002。
[2] 海因茨·韦里克、哈罗德·孔茨：《管理学全球化视角》，马春光译，经济科学出版社，2004。

组织结构设计通常需要明确以下两个方面内容：单位、部门和岗位的设置，需要服务于整体目标；明确各单位、部门和岗位的职责、权力范围，确定分工以及明确单位、部门和岗位的角色关系，以确保单位、部门和岗位能够彼此协调、配合、补充或替代。

一般来说，对于新创企业的管理者，创业初期所设的组织结构越简单越好，可以设计成直线制组织结构，随着企业成长，逐渐向直线职能制、事业部制等组织结构转变。

直线制是最早出现也是最为简单的组织结构，企业由上至下实行垂直领导，每一个下属部门只接受唯一上级的命令，具有权责明晰、命令统一的特点，但行政负责人需要亲自负责所有业务，较适合于规模较小、生产技术比较简单的新创企业，见图 15。

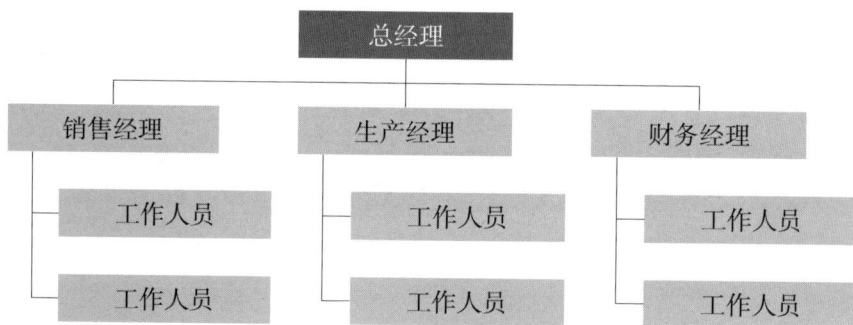

```
                    ┌──────────┐
                    │  总经理  │
                    └────┬─────┘
        ┌────────────────┼────────────────┐
   ┌────┴────┐      ┌────┴────┐      ┌────┴────┐
   │ 销售经理 │      │ 生产经理 │      │ 财务经理 │
   └────┬────┘      └────┬────┘      └────┬────┘
   ┌────┴─────┐     ┌────┴─────┐     ┌────┴─────┐
   │ 工作人员 │     │ 工作人员 │     │ 工作人员 │
   └──────────┘     └──────────┘     └──────────┘
   ┌──────────┐     ┌──────────┐     ┌──────────┐
   │ 工作人员 │     │ 工作人员 │     │ 工作人员 │
   └──────────┘     └──────────┘     └──────────┘
```

图 15   直线制组织结构

与直线制相对应的是职能制组织结构，即在总经理下设职能机构人员从事职能管理，但中间管理层往往出现权责不清、秩序混乱现象，此组织结构存在明显缺陷，不被现代企业采用。

直线职能制是在直线制和职能制基础上，择二者优势发展而来的组织结构。这一结构将企业管理机构和人员分为两类，一类是直线机构和人员，直线部门领导依层级对下级组织进行直线指挥；另一类是职能机构和人员，从事各项专业化的职能工作，对直线部门的业务进行指导。这一结构既能保证管理

的集中统一，又可以充分发挥各职能部门的专业作用。直线职能制组织结构
见图 16。

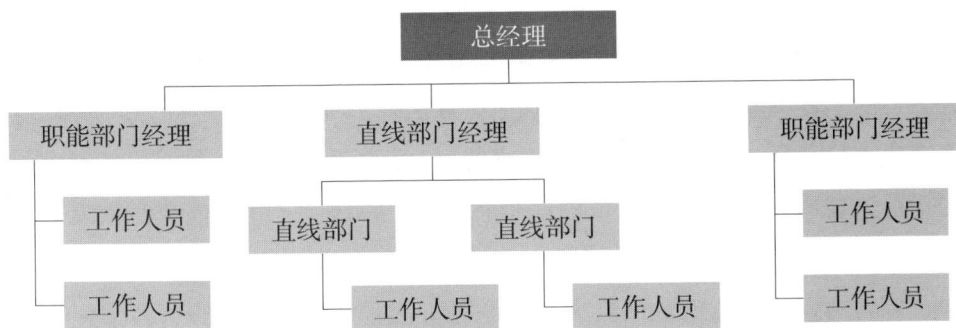

图 16 直线职能制组织结构

事业部制是企业内部根据地区或产品类型划分为多个事业部的组织结构，
每个事业部负责一个产品从研发到销售的全流程，独立经营、单独核算。该结
构是一种集权背景下的部分分权管理体制，当企业规模进一步扩大，产品繁
多、技术复杂时，通常会被采用。事业部制组织结构见图 17。

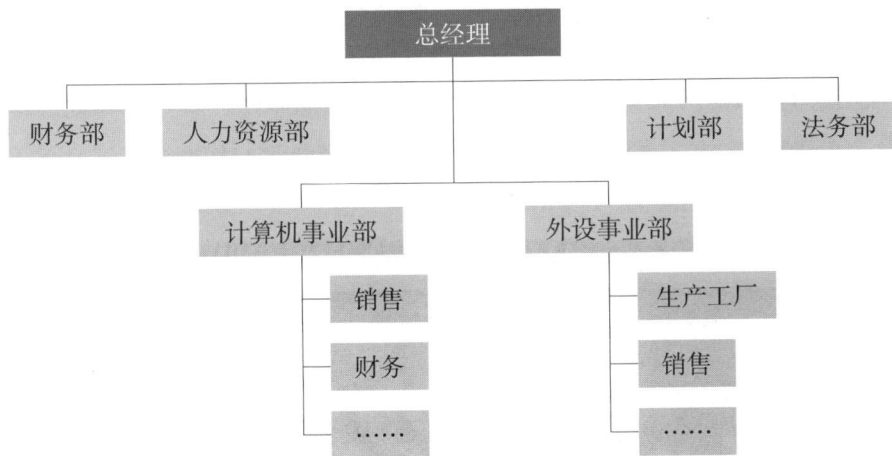

图 17 事业部制组织结构

二、人力资源规划

人力资源规划是企业根据自身战略，分析现有人力资源存量，预测未来人力资源供需状况，制定相应的人力资源获取、开发和激励战略，满足企业对人力资源质与量上的需求，使企业和员工实现双赢的一项企业管理活动。[①]人力资源配置不合理一方面可能造成人才缺失，影响企业竞争力；另一方面可能造成人员富余，人浮于事、工作效率降低，而人力资本过大甚至可能对企业的生存造成威胁。[②]创业者应该根据企业战略，审慎制定相应的企业人力资源规划。

对人力资源供需的预测是人力资源管理的重要环节，预测的科学性也直接影响人力资源规划的准确性。[③]人力资源需求预测往往会受到企业财务资源、发展计划、业务量、预期员工流动率等因素的影响，通常使用的方法包括定性的德尔菲法、描述法等，以及定量的成本分析预测法、回归分析法、工作负荷法、人员比例法等。对于新创企业而言，人员转换率较难确定，可以采用较为简单的德尔菲法、描述法或成本分析预测法等。[④]简单介绍如下：

德尔菲法，也称"专家预测法"，是由经验丰富的专家对某些问题进行直觉判断、预测的方法，是一种根据经验的主观分析。创业者可以请多位专家预测人力资源相关问题并以书面形式回答，继而进行多次反馈、修改，最终归纳出人力资源需求预测。

描述法，通过对企业发展目标和各种因素进行描述、分析与综合，预测各类人才需求量。由各种假设获得多个方案，以期与企业环境变化相适应。

成本分析预测法，通过对企业未来人力资源的预算、规划与现有人力资源成本支出作对比，从成本约束的角度出发进行人力资源需求预测，其公式

---

① 吴国存、李新建：《人力资源开发与管理概论》，南开大学出版社，2001。

② 戴维·尤里奇：《人力资源转型：为组织创造价值和达成成果》，李祖滨、孙晓平译，电子工业出版社，2015。

③ 陈京民、韩松：《人力资源规划》，上海交通大学出版社，2006。

④ 吴国存、李新建：《人力资源开发与管理概论》，南开大学出版社，2001。

如下[1]:

$$NHR = \frac{TB}{(S+BN+W+O) \cdot (1+a\% \cdot T)}$$

其中 NHR 是我们想要预测的未来人力资源需求数量，TB 是人力资源预算总额，S、BN、W 与 O 分别是企业当前人均工资、奖金、福利与其他支出，而 a% 是企业计划每年增加的人力资源成本，T 是预测年限。通过此公式，可以快速分析出人力资源需求情况。

人力资源供给预测需要分别考虑企业内、外部两个方面。[2]内部供给分析需要了解现有人力资源存量，估计下一时期在晋升、降级、调配、辞职、退休、被开除等因素影响下，企业各个工作岗位留存的员工数量。这通常使用技能清单法与人员替代法进行估计，即分别收集员工的工作记录和能力特征，以及员工间可替代情况的信息。外部供给则需要考虑本地区人口总量、人口供给率、人口构成、总体经济状况、劳动力市场状况等因素。

在人力资源供需预测基础上，企业可以制定人力资源总体规划与业务计划，再实施评估。总体规划一般包括人力资源规划目标任务说明、人力资源政策说明、供需预测及净需求情况汇总。参考总计划，企业可以制定业务计划，通常包括招聘计划、培训计划、晋升计划、人力资源保留计划等。

三、招聘与配置

新创企业通常规模较小，但随着企业不断发展，对营销、管理人员的需求会不断增加，人才招聘不可忽略。员工招聘主要由招募、筛选、录用与评估等一系列环节构成，每一个环节都不可或缺。

招募最重要的目标是吸引足够多的应聘者，主要内容是招聘计划的制定、招聘信息的发布等。招募首先要确定招聘来源是内部还是外部，内部招聘通常包括内部提升、工作轮换等；外部招聘即借助外部劳动力市场满足人力资源需

---

① 吴国存、李新建：《人力资源开发与管理概论》，南开大学出版社，2001。
② 同上。

求。外部招聘的渠道包括网络招聘、校园招聘、就业代理机构等。

筛选是企业从人职匹配的原则出发，挑选出合适的人选，由简历筛选、面试、笔试、测评、调查取证、体检等环节组成。录用则涉及录用决策、初始配置、试用、正式录用等过程。

人才录用后需要进行初始配置，通常是根据职位空缺与应聘意愿来安排。但在初始安排后，还要尽快引导新员工适应岗位，如不符合要求应及时采取补救措施，调整职位或解除合同等。在人员招聘、甄选的各个环节都必须保证质量，才能尽量避免录用决策的失误。

四、激励机制

企业的激励制度对员工的积极性、创造性与忠诚度都有很大的影响。新创企业需要建立良好的企业激励机制，通常包括目标激励、精神激励与物质激励。[①]

目标激励和精神激励在新创企业初期尤为重要。共同的追求、价值观是让创业合伙人共同努力的黏合剂。新创企业的人才往往有较高的成就动机，希望有所建树，这时目标激励有助于使其不断创新、施展才华。精神激励通常是要认可、尊重、支持、关怀员工，培养员工对企业的忠诚与信任。

物质激励通常包括薪酬、经济性福利以及一些股票期权计划。只有在公平、公正的绩效考评基础上，才能公平发放薪酬、奖励及岗位晋职。考评方法可以分为定性与定量两大类型。对于新创企业，管理决策人员通常以定性方法进行考评，从德、能、勤、绩四个方面，对各个指标按优、良、中、差等各个等级进行评价。对于生产、销售人员主要采用定量方法进行考评，用成果数量指标对个人进行考评，考评结果可以作为薪酬依据，对于业绩突出者应该公开奖励。在物质奖励中也可以引入风险机制，设置未来收入分成或股票期权的制度，在保证企业现金流的情况下，起到长期激励、提升员工忠诚度等作用。

---

① 陈德智：《创业管理》，清华大学出版社，2001。

五、员工培训与开发

员工培训是通过宣传、理论学习、工作指导等方式，对企业员工进行的一系列传授知识、技能和宣传企业文化的活动，有助于进一步开发人力资本，使员工更好地为企业发展创造价值。

企业培训需求通常是实际工作绩效与理想工作绩效的差距部分。在需求确定的基础上，企业确认培训内容、对象与形式，选择培训方法。当前较为流行的培训方法包括：一是企业自我培训。企业办员工学校、培训班、技术讲座，进行岗位轮换等；二是互联网培训。使用教育培训软件，让员工同时进行学习与工作，降低培训成本；三是产学合作，企业与高校联合与协作。高校为企业提供人才、科技，企业为其提供基础设施、资金，此方法有助于科研成果快速转化为现实产品；四是企业办大学，投资建设技术学院、培训中心等。此方法可以更加便利、更大规模培训员工，促使人力资本及时适应现代高新技术发展需要。

新创企业需要在人力资源规划的基础上，根据发展需要，对员工的技术、销售、生产、管理、操作等专业化知识与技能进行培训，另外也要注意员工思想观念、身心健康等情况，着重对团队精神、敬业精神进行培训。

六、人力资源管理现代化

随着科技发展的日新月异与生活水平的不断改善，劳动者素质越来越高，人力资源管理模式也需要调整、创新。[1]特别是大数据、人工智能时代到来，如何充分运用数据、创新工作思路，用现代化观念、手段、方法提升公司人力资源管理效率，从而实现组织效益的最大化，显得尤为重要。[2]人力资源现代化检验的标准是能否反映组织人力资源管理发展的方向，不断变革、创新人力资源管理方法、模式，更好地服务于企业发展。[3]

---

[1] 陈葆华：《现代人力资源管理》，北京理工大学出版社，2017。
[2] 彭剑锋：《互联网时代的人力资源管理新思维》，《中国人力资源开发》2014年第12期。
[3] 赵曙明：《人力资源管理理论研究新进展评析与未来展望》，《外国经济与管理》2011年第1期。

传统的人力资源部门只是组织的职能部门，可以细分为人力资源规划、招聘与配置、培训与开发、薪酬福利管理、绩效管理以及劳动关系管理六大模块。每个职能模块的工作都包含基础的事务性工作、制度方案的设计工作及解答员工的咨询工作。但这一模式使人力资源部将大量时间投入事务性工作，业务部门更多得到的是管控而不是支持，人力资源管理并没有创造足够价值。

随着市场竞争的加剧，企业对人力资源部门业务增值的需要越来越迫切，这也就推动着人力资源管理逐步向业务导向转变，人力资源三支柱模型应运而生。[①]人力资源三支柱模型是由美国密歇根大学教授戴维·尤里奇在20世纪90年代提出的，他将人力资源管理划分为三大系统，分别是人力资源业务伙伴（HRBP）、人力资源共享服务中心（HRSSC）和人力资源专家中心（HRCOE），三个系统互相支持，最终为企业业务发展提供更好的服务。[②]模型见图18。

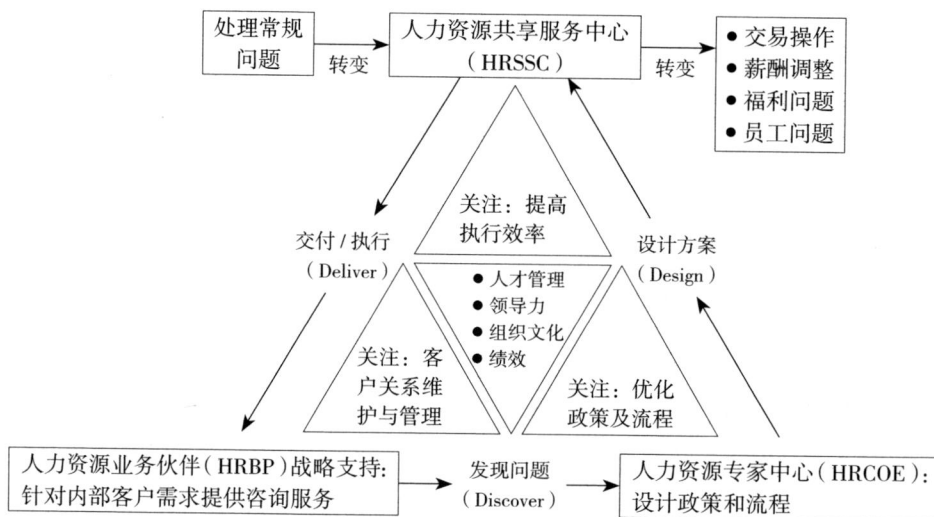

图 18　人力资源三支柱模型[③]

---

① Christopher Wright, "Reinventing Human Resource Management: Business Partners, Internal Consultants and the Limits to Professionalization," *Human Relations* 61, no. 8 (2008): 1063–1086.

② 陈悦、陈超美、胡志刚：《引文空间分析原理与应用：CITESPACE 实用指南》，科学出版社，2014。

③ David Ulrich, *Human Resource Champions: The Next Agenda for Adding Value and Delivering Results* (Boston: Harvard Business School Press, 1998).

其中 BP 是指业务合作伙伴（Business Partner），针对不同业务单元人力资源需求，提供相应咨询及不同服务。[①]SSC 是指共享服务中心（Shared Service Center），直接为顾客提供咨询、办理日常业务等服务，对员工专业知识要求较低，可以外包，并与其他业务部门形成竞争，刺激其提升绩效。[②]COE 是指专业知识中心或领域专家中心（Center of Excellence），是企业负责人力资源前瞻性和战略性研究、为另外两个系统提供技术支持的专家组，扮演的是开创者和咨询者的角色。[③]

第 2 节　技术创新与产品研发

一、技术创新

随着产品生命周期的不断缩短，技术创新成为企业提高竞争力的关键。在知识经济时代，仅有良好的生产效率、足够好的质量已不足以保持市场竞争优势。[④]企业从创立之初，应注重培育核心技术，以技术创新为基点，不断开发高附加值新产品。

企业技术创新通常可以分为纯粹以创造新技术为目的的创新，或以既有的科学技术知识及其创造的资源为基础的创新。新创企业应从一开始就注重技

---

① David Ulrich, "Shared Services: From Vogue to Value," *Human Resource Planning* 18, no.3 (1995): 12−23.

② Fang Lee Cooke, "Modeling an HR Shared Services Center: Experience of an MNC in the United Kingdom," *Human Resource Management* 45, no.2 (2006): 211−227.

③ David Ulrich and Wayne Brockbank, *The HR Value Proposition* (Boston: Harvard Business School Press, 2005).

④ 肖文、林高榜：《政府支持、研发管理与技术创新效率—基于中国工业行业的实证分析》，《管理世界》2014 年第 4 期。

术创新与市场需求的匹配、融合，建立创新文化，完善创新激励机制，注重实施专利战略及技术积累管理。

企业技术创新的核心是如何提高创新速度，如何更快地开发出新产品并达到量产。[1]完善的创新激励机制是提高技术创新速度的重要方法之一。美国3M公司非常注重对员工的创新激励，公司鼓励每位员工关心新产品的开发，得到公司认可的构思可以获得公司资源支持，成立试验组，试验组负责从研发到推向市场的全过程，试验成功则会获得高额奖励；即使失败，依然可以回归原始工作，公司依旧支持失败者的新构想。这是对所有创新者挑战精神的激励。因此，健全的激励机制会激发员工的士气，间接引爆员工的创新潜力，加快创新速度。

另外，根据凯思·帕维特提出的技术积累理论，技术发展与变革并不是一蹴而就的，而是一个连续渐进的过程，只有在足够技术积累的基础上，才能实现技术的突破和创新。[2]新创企业在自身创新基础薄弱、资源较为匮乏的情况下，重视技术积累的管理更有利于促进技术创新与企业的发展。具体的做法是建立健全技术管理体制，并注重日常技术管理：第一，由专人对核心技术或产品专利、商标、域名等申请法律保护，并建立保密机制；第二，成立技术项目管理小组，由专人负责新产品研发、工艺技术提升的文件管理；第三，建立市场、生产、技术方面或其他机构的信息来源渠道，做好技术、生产与销售部门的互动工作管理；第四，关注技术日常管理，对外部技术信息搜集、内部技术信息共享、技术档案整理、技术成果转化等加强管理。

资本对品牌、项目的投入无法跳脱出边际收益递减的经济规律。品牌、项目发展总会进入瓶颈期，甚至衰退，但由于技术存在层层递进、无边际的特性，技术创新可以为企业带来的边际收益是不断递增的，甚至对社会也会带来源源不断的正向收益。企业对于技术创新的重视，最终会形成持续的竞争优势

---

[1] 陈德智、陈炳富：《如何提高企业创新速度》，《中外管理》1999年第4期。

[2] 玖·笛德、约翰·本珊特、凯思·帕维特：《创新管理：技术变革、市场变革和组织变革的整合》，金马工作室译，清华大学出版社，2004。

以及长期可持续的发展助力。

对于企业而言，技术创新是一个从产生新产品的设想到新产品推向市场的完整过程，它包括从创意产生、研究、开发到商业生产再到扩散的一系列活动，也可以概括为技术开发与技术应用两个环节。[①]技术创新的最终目标是技术的商业应用和创新产品的市场成功，因此，技术创新需以应用为核心。这要求创业者不只是关注研发部门，更需要将研发部门、生产部门和市场部门进行有效整合。为了有效地推动技术创新，企业必须协调和组织研发、制造和营销等过程，才能最终促成技术创新成功，并形成企业的核心竞争力，助力企业持续健康地发展。

二、产品研发

产品的研究与开发是一个从想法到落地的过程，具体而言是一个从想法、设计、开发到市场的过程，使用的方法包括发明、改良、组合及减除等。[②]产品研发需要考虑自身可利用的资源条件，明确是否具备相应技术和生产能力。由于产品研发最终需要面向市场，因此研发时需要着重考虑市场潜力、市场容量、销售能力、竞争优势、收益等因素。另外，产品研发也需要重视国家政策、法律法规等。

产品研发由多个环节组成，在新创企业中，这些环节往往是交叉重叠和循环往复的。美国雷鸟商学院创业学教授罗伯特·赫里斯等人提出，新产品研发主要有五个阶段[③]：第一，创意阶段。这一阶段各式产品创意将被提出，企业需要选择有潜力的新产品创意，剔除可操作性较低的创意，使企业资源得到最优利用。第二，概念阶段。企业在实验室内首先进行产品研究、设计，并通过与消费者交流，对新产品创意进行测试并记录消费者反馈，以预估产品市场接受度。第三，产品开发阶段。企业进行试生产，并把制造样品发给潜

---

① 池仁勇：《企业技术创新效率及其影响因素研究》，《数量经济技术经济研究》2003 年第 6 期。

② 赖朝安：《新产品开发》，清华大学出版社，2014。

③ 罗伯特·赫里斯、迈克尔·彼得斯：《创业学》，王玉、王蕾、楼尊、叶巍岭译，清华大学出版社，2004。

在消费者，由其进行评估，以确定消费者反应。第四，市场测试阶段。企业选择一部分市场进行销售与测试，了解市场整体接受情况及评价，提高商业化成功的可能性。第五，商业化阶段。此时产品正式投入市场，产品生命周期开始，产品将依次经历引入期、成长期、成熟期和衰退期。

市场需求变化多端，产品创新永无止境。产品研发流程可能往复多次，新创企业需不断改进产品，最终使产品更好地满足消费者的需求。

第 3 节　市场开发与营销策略

一、市场开发与营销策略的概念

市场开发与营销策略是指企业市场营销部门依据公司战略，在综合考虑内外部环境的基础上，确定目标市场，选择适当的市场营销策略，并予以有效实施和控制的过程。[①]其实质上可以分为市场开发和市场营销两个阶段。新创企业在运营管理过程中，首先要确定目标市场，之后在自己选定的目标市场上构建各种营销策略组合，开展营销活动。

二、市场开发策略

现代市场开发策略的核心是 STP 理论，即市场细分、目标市场选择、市场定位。[②]

（一）市场细分

市场细分是指市场营销人员通过市场调研，依据一定标准，将消费者群

---

① 中国注册会计师协会：《公司战略与风险管理》，中国财政经济出版社，2019。
② 闫芳：《市场细分 STP》，《科学大众（科学教育）》2020 年第 5 期。

体划分为消费者子群体。每一个消费者子群体都具有类似的需求倾向。市场细分的标准主要包括四类：地理细分、人口细分、心理细分及行为细分。

（二）目标市场选择

所谓目标市场选择，就是市场细分后企业决定要进入为消费者服务的一个或几个子市场。企业在确定其目标市场时，主要有三种选择策略[①]：

1. 无差异市场营销。把某个市场作为自己的目标市场，强调消费者的共同需要，而不考虑其差异性。

2. 差异市场营销。将整个市场细分为若干个子市场，针对不同的子市场设计不同的产品，制定不同的营销策略，满足不同的消费需求。[②]

3. 集中市场营销。选择一个或少数几个性质相似的细分市场作为目标市场，实行专业化生产和销售。

以上三种策略各有利弊。对于新创企业而言，在进行目标市场选择时，可以综合考虑企业自身核心资源、产品同质性、竞争对手的目标市场选择策略等因素，以选定最适合自己的目标市场。

（三）市场定位

选择目标市场之后，下一步就是找出目标客户的真正需求，并对企业产品进行市场定位。所谓市场定位，就是要将本企业与其他企业严格区别开，塑造独特的、与众不同的产品形象，以在目标消费者心中占据特殊位置。这一步对新创企业来说非常重要，因为新创企业的产品种类较少，生产能力有限，能否在激烈的市场竞争中建立起客户认可的独特的市场形象，在很大程度上会影响企业下一步的发展战略。

三、市场营销策略

近些年随着产业与数字科技融合的日益加速，大数据、人工智能等新兴

[①] MBA 智库百科：《目标市场选择》，https://wiki.mbalib.com/wiki/ 目标市场选择，访问日期：2019 年 12 月 1 日。

[②] 同上。

数字化信息技术在应用领域日臻成熟，我国企业所面临的市场营销形式也发生了巨大变化，数字化、网络化、信息化逐渐成为一种新的经济特征。[①]在这样的背景下，企业想要在激烈竞争的市场上扩大市场份额，就一定要不断创新自身的市场营销模式。

企业可从营销理念、营销技术、营销组织架构、营销平台四方面对市场营销策略进行优化：

（一）创新营销理念

营销理念决定着企业市场营销工作的方向。培养创新营销理念的关键在于提升企业管理者及员工的创新意识。面对新的、竞争更加激烈的市场环境，企业应不断借鉴和吸收国内外先进的营销理念和方法，并结合自身所面临的市场环境进行合理优化，使其更适合于企业未来的可持续发展。

（二）创新营销技术

营销技术是指营销活动开展中所使用的多种方式方法，包括产品策略、促销策略、分销策略及价格策略等。

1. 产品策略。传统意义上的产品是指能被人们使用和消费，并能满足人们需求的任何东西。随着经济社会的发展，人们对产品的认识发生了变化。现代意义上的产品已经突破了有形实体的范围，人们把产品看作一种既包含有形实体又包含无形价值的能满足人们需求的东西。[②]其中，无形价值主要包括消费者的满意度、忠诚度等等。对于新创企业而言，由于其市场规模较小，很难在产品实体生产中取得规模优势，因此新创企业要在制定产品策略时注重提升产品的无形价值，满足消费者的情感需求，满足顾客的个性化需求，以提高他们的满意度和忠诚度。

2. 促销策略。所谓产品促销策略，就是指企业借助各种促销手段，向消费者传递产品信息，吸引他们的注意，激发他们的购买欲望和行为，以达到扩

---

① 杨斌、何铮：《数字经济时代，企业的核心竞争力究竟是什么？》，《哈佛商业评论》2019 年 http://www.richinfochina.com/index.php/III/460.html, 2019 年 9 月 25 日。

② 邢广伟：《社会企业的 4P 营销策略分析》，《中国集体经济》2016 年第 21 期。

大销售的目的。常见的促销方式主要包括：广告促销、公关宣传和人员推销等。新创企业若想创新促销策略，就一定要跟随市场最新动态，选择极具吸引力的促销方式，例如互联网直播营销等。

3. 分销渠道。为了使产品或服务能够以最佳方式到达客户手中，新创企业还要充分考虑建设分销渠道。分销渠道的创新可以减少企业的营销成本，在一定程度上提高企业的市场竞争力。随着现代物流体系的日益完善，大多数企业都形成了商超卖场等线下销售渠道与电商等线上销售渠道相结合的分销模式。在这样的背景下，新创企业要想创新分销渠道，关键在于要对不同的销售渠道采取不同的分销策略。在线下分销过程中，可以通过买赠以及折扣等多种模式为消费者提供更多的选择，尽可能提高销售量；网络消费者对电商产品往往具有猎奇心理，因此线上分销过程中，企业可以抓住消费者的这一心理特点，对其进行个性化营销或提供定制服务，以激发网络消费者的消费欲望。

4. 价格策略。消费者都想买到物美价廉的产品。如果某一产品能够满足消费者的某种需求，且这种产品的价格是消费者可以接受的，那么消费者就很有可能会选择购买该产品；而如果某一产品对消费者而言是有需要的，但其产品定价消费者无法接受，那么消费者不会选择购买该产品。因此，产品定价将直接影响消费者或客户的购买行为。

新创企业在对产品进行定价时首先要明确价格制定的目标，之后了解消费群体的需求，计算产品成本，然后选定产品价格，最后还要对同类型产品价格、市场竞争成本等因素进行分析，确定一个最为合理的价格。

（三）创新营销组织架构

营销部门是企业开展市场营销活动的主体。营销组织的设计、建设和管理是否合理高效，很大程度上决定了企业能否在激烈的市场竞争中展现最强的活力。很多新创企业，由于在组织设计方面还处于起步阶段，没有意识到营销组织建设的重要性，或者没有意识到创新营销组织建设必须要适应外部环境的变化。许多企业仍是采用习惯的、传统的营销组织模式，以产品开发模型为起点，以消费者为终点，没有考虑到现有市场消费者需求多样性的特点，也没有根据消费者的个性需求进行创新研发。因此，即使企业采取新颖有效的营销技术，这样的营销组织也只是起到了产品推销的作用，未能发挥其策划营销的功能。综上所述，新创企业需要对营销组织架构进行合理的设置和创新，确保最大化发挥营销组织功能，为企业创造更大的发展空间。

（四）搭建创新型营销平台

在信息网络化时代，人们获取产品信息的渠道越来越丰富，购买商品的过程也越来越便捷。企业必须重视科学技术在市场营销中的应用，将各种前沿技术融入实际营销过程中，从而有效地促进营销模式的创新与发展；有效利用信息化平台宣传和推广产品，清晰把握消费者需求，使消费者以最便捷的方式购买商品。因此，搭建创新营销平台也是企业提高营销效率、创新营销策略的重要组成部分。

第4节　会计报表与财务管理

一、会计报表

会计报表是综合反映企业资产、负债和所有者权益的情况及一定时期的经营成果和财务状况变动的书面文件，也是企业进行财务分析的主要依据。企业最基本的会计报表主要包括以下几种：

（一）资产负债表

资产负债表是反映企业在某一特定日期所拥有的全部资产、负债和所有者权益的存量及其结构的会计报表。[①]资产负债表依据"资产＝负债＋所有者

---

① 刘玉平：《财务管理学》，中国人民大学出版社，2015。

权益"的基本原理编制而成，展现了企业资产、负债和权益三个因子之间的平衡关系。通过分析资产负债表，报告使用者可以清晰地了解企业资产、负债及所有者权益的规模大小，掌握现阶段企业的资产结构，以及分析判断不同项目之间的相关关系。

除此之外，报告使用者还可以通过资产负债表的相关数据信息，进行新创企业的偿债能力分析和营运能力分析。例如流动比率和速动比率可以用于分析新创企业的短期偿债能力：一般而言，流动比率、速动比率越高，说明新创企业拥有越充足的现金流量，能够按期偿还债务，财务风险较低。因此，企业高级管理层在做出融资决策、投资决策时应对企业的偿债能力指标进行客观分析、充分考虑，尽可能地使债权人的权益得到最大程度的保护。一个处于成长期的新创企业也许存在着资产负债率较高的情况，这种情况可能是大规模的研发投入、广告促销等多种原因造成的，而当新创企业逐步进入成熟期，资产负债率就可能大幅度下降并趋于稳定。在这种情况下，我们就不能一味地说较高的资产负债率是不好的。

（二）利润表

利润表是反映企业在某一特定会计期间的经营成果及其分配情况的会计报表。[①]利润表是依据"利润 = 收入 − 费用"的基本原理编制的，反映了企业的当期经营成果。借助利润表，报告使用者可以了解企业当期收入水平、成本及相关费用的多少，了解企业的利润来源及盈利总水平等。

对新创企业而言，管理层可以综合分析利润表的相关数据进而对企业下一步的发展战略做出调整。

首先，通过对企业收入整体水平进行分析，新创企业很容易计算出与同行业领先企业的差距；通过对产品结构进行分析，企业可以确定各产品的收入贡献程度，为下一步对何种产品进行市场渗透和新产品开发提供方向；通过对企业不同季节的收入进行对比分析，可知利润是否存在季节性差异，以便合理

---

① 刘玉平：《财务管理学》，中国人民大学出版社，2015。

安排生产计划，如在旺季进行大量销售，在淡季进行设备维护和产品研发等工作，实现可持续发展。

其次，通过对企业成本费用的整体分析，新创企业可以计算出现阶段成本费用与预算成本的差异，为制定下一年的财务预算提供依据；通过对可变成本项目的具体分析，新创企业可以找出异常的成本费用支出项目并进行整改，增强企业成本节约的能力。

最后，通过对企业利润总体水平的分析，新创企业可以明确本年度的营业利润、息税前利润、净利润，并与目标利润进行对比，找出目标和现实的差距；通过对企业营业利润率、资产利润率以及权益利润率等指标的计算，新创企业可以与同行业企业进行比较，明确自身在同行业利润水平中的地位。

（三）现金流量表

现金流量表是以现金和现金等价物为基础编制的，提供企业在某一特定期间内有关现金和现金等价物的流入和流出信息的报表。[1]现金流量表反映了企业在一固定期间内，不同活动所产生的现金流量情况。一般而言，企业的筹资、投资、经营活动现金净流量均为正值，表明企业融资能力强，经营情况良好；相反，则表明企业当前经营状况不理想且偿债压力较大。

除此之外，借助现金流量表，报告使用者还可以分析预测企业未来现金流量的发展变化趋势。

二、财务管理

（一）财务管理的内容及作用

企业财务管理是企业组织财务活动、处理财务关系的一项管理活动。财务管理的主要内容包括资金筹集管理、投资管理、营运管理、利润及其分配管理等。[2]

财务管理是企业管理的重要一环，对新创企业来说尤为重要。新创企业

---

[1] 刘玉平：《财务管理学》，中国人民大学出版社，2015。
[2] 同上。

大多处于导入期或成长期，运营风险较大。若是企业的资金运行出现较大问题，那么企业的日常生产经营活动必然受到致命打击。因此，良好的财务管理对保证企业降低运营风险、实现经营目标起着极其重要的作用。财务管理的作用可以归纳如下[①]：

1. 资金保障职能。资金是企业生产经营活动的"血液"，没有资金或缺乏资金，企业的日常运营活动就无法进行。[②]想要保障资金的供应，新创企业首先要解决的是融资问题，这也是企业财务管理最基本的职能。具体而言，财务管理的资金保障职能主要体现在以下方面：第一，根据企业的经营战略和内外部投资需要，财务部门选择合适的融资方式，建立最佳的资本结构，足额地融入资金；第二，在企业日常营运方面，编制资金使用预算表，保证资金的收支平衡；第三，对新创企业而言，除了要保证融入资金的数量，还要注意控制融入资金的质量，通过调控资金的使用成本、融资期限等方式来提高资金供给的质量。

2. 协调控制职能。企业管理的最终目的是实现企业的整体经营目标。财务管理作为企业管理的重要组成部分，通过对资金的合理规划、协调与控制进而服务于企业的生产经营。[③]财务管理的协调控制职能主要体现在两方面：其一，在融资阶段，财务人员需要对融资渠道、融资方式进行合理规划协调，构建最佳的资本结构；其二，在处理企业财务关系方面，财务部门应建设合理的财务制度，妥善处理企业内外部的财务关系，营造良好的经营管理氛围。[④]

3. 综合反映职能。财务管理表面上是资金管理，其实质是一种价值管理。价值管理通过货币计价的方式对企业各阶段、各部门的经营管理过程和成果进行核算和评价，并通过货币直接或间接地反映出来，这是财务管理区别于其他管理的最主要特征。

（二）新创企业财务管理存在的问题

1. 规章制度不健全。首先，在企业初创时期，管理层大多把工作重心放

---

① 张志宏：《财务管理》，中国财政经济出版社，2009。
②③④ 同上。

在产品研发和生产经营环节，忽视了对自身财务管理制度的建设；且由于企业的财务管理规章制度尚处于修订阶段，管理层可能会依据个人喜好，在短时期内多次对财务管理规章提出修改意见，导致企业财务管理标准不统一。[①]其次，由于新创企业的企业规模小，工作人员较少，部分企业所有者可能会兼任财务管理的工作，因此很难形成独立的财务管理体系。这种不规范的职责分配会使得企业在财务管理方面出现管理混乱、资金使用不透明等问题。

2. 目标过于狭隘。企业财务管理的目标由浅入深主要分为三个层次，依次为企业利润最大化、企业每股盈余最大化和企业价值最大化。[②]对于新创企业而言，由于其评价体系不成熟，绝大多数尚未建立起完整的企业价值的评估体系，又因"利润"是一个最易接受的财务概念，因此新创企业大多以利润最大化为最终目标进行生产经营。单纯以利润最大化为企业财务管理目标有非常明显的缺陷：首先，没有考虑到利润实现的风险因素，可能会导致企业盲目追求利润最大化目标，而忽视自身的巨大风险；其次，企业在做出各项决策时过分强调对短期利润的追求，而忽视企业的长远利益，不利于企业的可持续发展。

3. 负债融资面临困难。企业开展一切生产经营活动、内外部投资活动的前提是企业能够筹集到足够的资金。一般而言，企业筹集的资金主要有两个来源：权益资金和负债资金。权益资金是指企业依法筹集的、长期拥有并自主支配的资金。负债资金又称为借入资金，是指企业利用发行债券、银行借款等方式筹集的资金。企业想要扩大资金投入，主要是通过负债方式。由于新创企业的财务管理制度不完善，财务资料不完整，数据不准确，难以形成规范的财务报告。如若新创企业向银行申请贷款，银行需要花费大量人力、物力对新创企业进行信用评估，且由于新创企业经营风险较高，银行面临无法收回本息的风险。所以，新创企业很难找到愿意提供贷款服务的银行，很难融得负债资金。[③]

---

① 刘锐：《论新创企业的三大管理风险及应对策略》，《前沿》2013年第15期。

② 同上。

③ 黄喆、叶姗：《浅谈新创企业财务管理问题及应对方法》，《商》2016年第28期。

（三）新创企业财务管理的应对方法

1. 优化财务管理机制。科学规范的财务管理机制是新创企业生存和发展的基本条件之一。如果没有建立独立有效的财务管理体系，企业在决策时仅仅依靠主观判断，往往会出现严重失误。因此，新创企业要结合实际情况设立单独的财务管理部门，保证财务管理工作的独立性。具体而言，财务管理的工作职责包括以下几方面：一是建立科学的记账体系；二是进行内部控制，严格监督资金的使用方式、使用金额、使用对象等；三是为了保证企业资金运动的顺利进行，在进行融资时要合理安排企业的资本结构，在筹得足够资金的同时尽可能降低资金成本；四是完善企业的财务清查系统，定期对企业的各类资产状况、资金使用情况进行全面盘查。

2. 树立正确的财务管理目标。目标决定发展方向。财务管理的目标在一定程度上影响公司的未来发展战略。新创企业寻求在运营和管理中尽快实现利润最大化，但从长远来看，坚持将利润作为企业的最终目标将导致企业仅关注眼前小利，容易做出不利于企业长期健康发展的决策。因此，设定正确的财务目标对于企业财务管理而言极为重要。

对于新创企业而言，将企业价值最大化作为财务管理的目标更有意义。在充分研究社会经济发展方向的基础上，企业不仅要考虑自身的定位和发展，还要考虑员工的相关专业素质，实施战略布局，实现可持续发展。

3. 加强财务人员队伍建设。在发展初期，企业往往希望降低成本以获取利润。因此，所招聘的财务人员往往没有经过系统的培训与学习，职业素养普遍不高。这些缺乏管理经验的财务人员在从事资金管理工作时，往往会造成资金使用不充足、不合理，为企业带来经济压力。同时，面对外部市场环境的飞速变化，缺乏专业知识的财务人员也很难预测市场行情的发展趋势，进而为企业发展战略的制定提供必要的信息。因此，新创企业在初期要选拔录用具有丰富职业技能的人员，定期开展对财务人员的技能培训；同时，在日常工作中要加强与财务管理人员的沟通合作，让财务管理工作更好地服务于企业的总体发展战略。

附录一

资产负债表[1]

编制单位：　　　　　　　　年　月　日　　　　　　　单位：元

资　产	期末余额	上年年末余额	负债和所有者权益（或股东权益）	期末余额	上年年末余额
流动资产：			流动负债：		
货币资金			短期借款		
交易性金融资产			交易性金融负债		
衍生金融资产			衍生金融负债		
应收票据			应付票据		
应收账款			应付账款		
应收款项融资			预收款项		
预付款项			合同负债		
其他应收款			应付职工薪酬		
存货			应交税费		
合同资产			其他应付款		
持有待售资产			持有待售负债		
一年内到期的非流动资产			一年内到期的非流动负债		
其他流动资产			其他流动负债		
流动资产合计			流动负债合计		
非流动资产：			非流动负债：		

---

[1] MBA 智库百科：《资产负债表》，https://wiki.mbalib.com/wiki/ 资产负债表，访问日期：2020 年 3 月 4 日。

（续表）

资　产	期末余额	上年年末余额	负债和所有者权益（或股东权益）	期末余额	上年年末余额
债权投资			长期借款		
其他债权投资			应付债券		
长期应收款			其中：优先股		
长期股权投资			永续债		
其他权益工具投资			租赁负债		
其他非流动金融资产			长期应付款		
投资性房地产			预计负债		
固定资产			递延收益		
在建工程			递延所得税负债		
生产性生物资产			其他非流动负债		
油气资产			非流动负债合计		
使用权资产			负债合计		
无形资产			所有者权益：		
开发支出			实收资本（或股本）		
商誉			其他权益工具		
长期待摊费用			其中：优先股		
递延所得税资产			永续债		
其他非流动资产			资本公积		
非流动资产合计			盈余公积		
			减：库存股		
			其他综合收益		
			所有者权益合计		
			负债和所有者权益合计		

附录二

利润表[①]

编制单位：　　　　　　　　　年　月　　　　　　　　　单位：元

项　目	本期金额	上期金额
一、营业收入		
减：营业成本		
税金及附加		
销售费用		
管理费用		
研发费用		
财务费用		
其中：利息费用		
利息收入		
加：其他收益		
投资收益（损失以"—"号填列）		
其中：对联营企业和合营企业的投资收益		
以摊余成本计量的金融资产终止确认收益（损失以"—"号填列）		
净敞口套期收益（损失以"—"号填列）		
公允价值变动收益（损失以"—"号填列）		
信用减值损失（损失以"—"号填列）		
资产减值损失（损失以"—"号填列）		

[①] MBA 智库百科：《利润表分析》，https://wiki.mbalib.com/wiki/ 利润表分析，访问日期：2020 年 3 月 4 日。

（续表）

项　目	本期金额	上期金额
资产处置收益（损失以"—"号填列）		
二、营业利润（亏损以"—"号填列）		
加：营业外收入		
减：营业外支出		
三、利润总额（亏损总额以"—"号填列）		
减：所得税费用		
四、净利润（净亏损以"—"号填列）		
（一）持续经营净利润（净亏损以"—"号填列）		
（二）终止经营净利润（净亏损以"—"号填列）		
五、其他综合收益的税后净额		
（一）不能重分类进损益的其他综合收益		
1. 重新计量设定受益计划变动额		
2. 权益法下不能转损益的其他综合收益		
3. 其他权益工具投资公允价值变动		
4. 企业自身信用风险公允价值变动		
……		
（二）将重分类进损益的其他综合收益		
1. 权益法下可转损益的其他综合收益		
2. 其他债权投资公允价值变动		
3. 金融资产重分类计入其他综合收益的金额		
4. 其他债权投资信用减值准备		
5. 现金流量套期储备		
6. 外币财务报表折算差额		
……		
六、综合收益总额		
七、每股收益：		
（一）基本每股收益		
（二）稀释每股收益		

附录三

现金流量表[1]

编制单位：　　　　　　　　　年　月　　　　　　　　单位：元

项　目	本期金额	上期金额
一、经营活动产生的现金流量		
销售商品、提供劳务收到的现金		
收到的税费返还		
收到的其他与经营活动有关的现金		
经营活动现金流入小计		
购买商品、接受劳务支付的现金		
支付给职工以及为职工支付的现金		
支付的各项税费		
支付其他与经营活动有关的现金		
经营活动现金流出小计		
经营活动产生的现金流量净额		
二、投资活动产生的现金流量		
收回投资收到的现金		
取得投资收益收到的现金		
处置固定资产、无形资产和其他长期资产收回的现金净额		
处置子公司及其他营业单位收到的现金净额		
收到其他与投资活动有关的现金		
投资活动现金流入小计		

---

[1] MBA 智库百科：《现金流量表》，https://wiki.mbalib.com/wiki/ 现金流量表，访问日期：2020 年 3 月 4 日。

（续表）

项　目	本期金额	上期金额
购建固定资产、无形资产和其他长期资产支付的现金		
投资支付的现金		
取得子公司及其他营业单位支付的现金净额		
支付的其他与投资活动有关的现金		
投资活动现金流出小计		
投资活动产生的现金流量净额		
三、筹资活动产生的现金流量		
吸收投资收到的现金		
其中：子公司吸收少数股东投资收到的现金		
取得借款收到的现金		
收到的其他与筹资活动有关的现金		
筹资活动现金流入小计		
偿还债务支付的现金		
分配股利、利润或偿付利息支付的现金		
其中：子公司支付给少数股东的股利、利润		
支付的其他与筹资活动有关的现金		
筹资活动现金流出小计		
筹资活动产生的现金流量净额		
四、汇率变动对现金及现金等价物的影响		
五、现金及现金等价物净增加额		
加：期初现金及现金等价物余额		
六、年末现金及现金等价物余额		

第三部分　创业后：创业成功

企业成长与发展

第 9 章　新创企业的成长和发展管理

企业创建后，创业并没有结束，而是进入更加困难、复杂的成长阶段。不同的企业有着不同的特质、不同的生命周期以及可选择的模式和战略。本章主要针对企业成长的各个阶段，对企业的成长模式、战略与风险进行讨论，以期为新创企业的成长寻找到可借鉴之处。

第 1 节　企业成长的生命周期管理

一、企业成长的本质

企业的成长过程可以用生物体的成长过程来比拟，通过灵活性与可控性两大因素的高低情况、相互关系进行描述，细分为成长阶段与老化阶段（见图 19）。[①]企业年轻时，会有着较高的灵活性和较低的可控性，相对容易做出创新、调整，但由于可控性较低，其行为通常难以预测。随着企业老化，其可控性不断升高，但灵活性不断下降，逐渐缺乏创新精神，组织逐渐僵化。一个

[①] 伊察克·爱迪思：《企业生命周期》，赵睿、陈苏、何燕生译，中国社会科学出版社，1997。

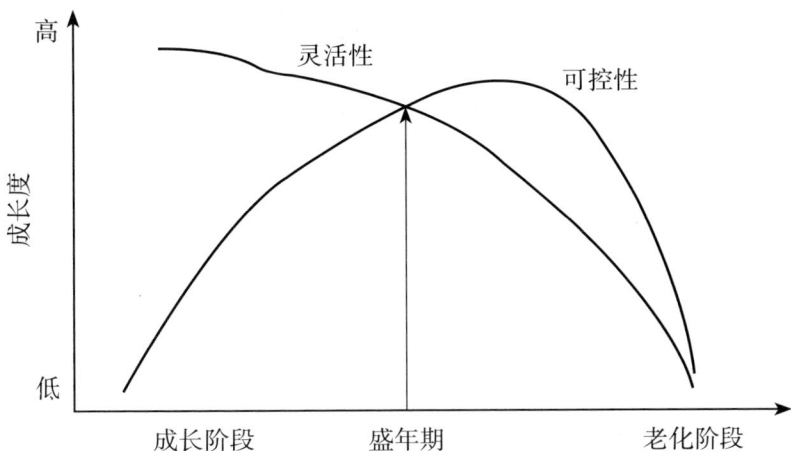

图 19　企业的成长与老化

企业同时具有较高的灵活性与可控性的阶段，是企业运营状况最为良好的"盛年"阶段。盛年期的企业能够根据环境形势的变化，在优秀管理者的领导下进行改革，寻求创新与稳定的平衡，也有能力把握未来方向。

　　企业的创立与成长离不开创业家的创新与创业精神，但创业家达到预期目标后，容易忘记初心，企业便逐渐走向保守的成熟期，企业老化阶段由此开始。更有甚者，老化阶段还会提早开始——在企业未成长壮大前，创业家高估企业现状，企业内出现集权与官僚主义，不注重顾客等利益相关者等。此时若没有清醒的管理者及时纠正，再加上后起之秀奋力追赶、挤占市场，企业的老化、衰亡就近在眼前。

二、企业生命周期管理

　　企业生命周期理论是由美国学者伊察克·爱迪思创立并完善的，在企业管理领域影响深远。这一理论将企业生命周期分为十个阶段，分别为孕育期、婴儿期、学步期、青春期、盛年期、稳定期、贵族期、官僚化早期、官僚期、死亡，见图 20。盛年期前属于企业的上升阶段，这一阶段被称为成长阶段；盛年期后是企业的下降阶段，这一阶段被称为老化阶段。企业需要做到的是针对

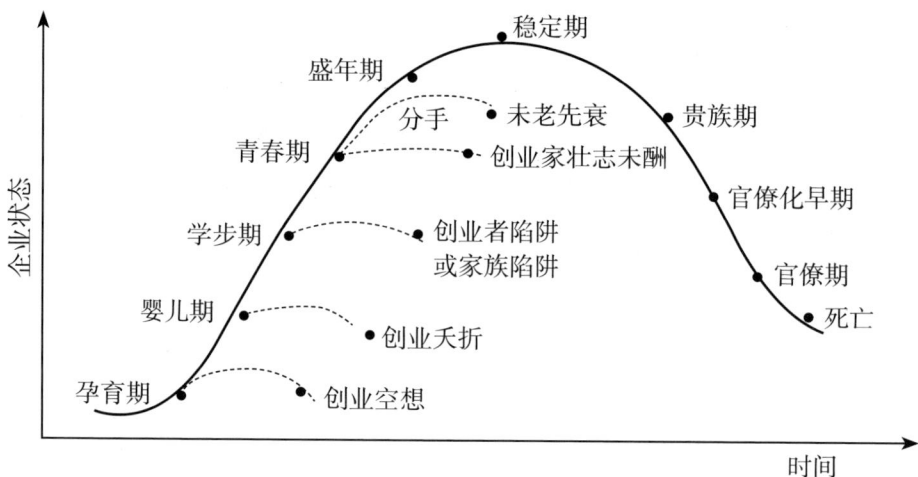

图 20　企业生命周期①

不同阶段特征进行调整、管理，努力优化自身、阻碍老化。

　　企业生命周期的第一个阶段是孕育期。此时的企业还是作为概念存在的，没有诞生实体。孕育期的特点是存在大量的设想、讨论而没有具体行动，强调企业愿景与未来成功的可能性。创业者此时通过不断构建蓝图来确立所要承担的责任与风险。责任与风险是成正比的，创业者在孕育期的过高允诺很有可能在未来成为其发展的绊脚石，不利于企业的健康成长。创业者的创业动机应该超越单纯获利，关注不同的市场需求，追求技术和产品的创新点，为消费者创造价值。真正的创业者需要着眼于尚未满足甚至是未出现的市场需求，试图引导消费者行为，不断追求创新，并努力创造新市场。创业企业的发展战略应该一开始就与创新相融，没有经受住市场考验的孕育期最终只会是一场创业空想。创业的主张还要具有可操作性，创业者要考虑自己的创业构想能否经得住现实的考验。

　　当创业者开始付诸行动、承担风险时，企业便进入了婴儿期。此时，创业者关注的焦点转移到了生产的成效上。这一时期的焦点不是关注企业做了什

---

　　① 伊察克·爱迪思：《企业生命周期》，赵睿、陈苏、何燕生译，中国社会科学出版社，1997。

么，而是要以结果为导向。此时企业缺乏明确的规章制度、运营程序、成本预算，企业决策权也高度集中，运营中通常会出现不稳定、销售不足、资金缺乏等问题。对此，创业者应重点管控存货周转率与应收账目周转率。另外，激增的外界压力容易使创业者无法适应，最终导致创业夭折。此阶段，应多关注创业者心理，多给予他们理解与支持。

学步期的企业已经克服了资金困难，蒸蒸日上。在这一时期，自信的创业者想要抓住一切机会扩展业务，尝试多元经营。但如果缺少定位、规划，企业会被机会所驱使，盲目前进，造成失误。所以企业应建章立制，避免重市场轻管理的现象发生。另外，随着企业的壮大，创业者无法事事亲力亲为，授权成为必然，这对企业管理者的水平有了更高的要求。如果不能从最初的创业者一人集权、感性管理转变为职业化管理，企业就会陷入创业者陷阱。

企业在青春期逐步脱离创业者影响，形成职业化管理，充满矛盾与行事缺乏连续性是青春期企业的特点。企业的拓展已经超出了创业者可以独自裁决的范围，职权的授予与引入职业管理人员成为必然。新的管理者会制定一套规范的制度，确定权责，减少决策的随意性，但也无法避免新旧势力产生冲突。随着企业的成长，目标转换使权力更迭更为复杂，互相不理解可能进一步加重矛盾。企业探索出行之有效的计划、组织、指挥、协调和控制制度之后，会平稳顺利地迈入下一个成长阶段，否则很有可能就此衰落。

盛年期是企业生命周期中状况最为良好的时间段，企业的灵活性与可控性达到动态平衡。在此阶段，企业整体治理过程实现了制度化，企业又具有创造力，整体表现优异。这一时期，企业面临的挑战是如何保持盛年期，阻碍老化，不断激活自己。

稳定期是企业由盛转衰的转折点。企业仍然强盛，井然有序，但已经逐渐失去灵活性，失去创新、改变的渴望，行事趋于保守。其中有几个较为明显的特征：企业对短期盈利能力的重视日渐提升，财务人员地位不断提高，投资回报成为衡量绩效的重要标准。这一时期后，企业开始衰退。

贵族期最主要的特点是企业内部越发和平，缺少冲突与变化，将资金用于控制制度、福利与设备，无心创新。而企业发现自己市场竞争力越发降低后，会选择购买其他公司的"创新"，不愿面对现实，甚至采取涨价这类"杀鸡取卵"的措施弥补损失，加速了企业下滑到下一阶段——官僚化早期。

进入官僚化早期的企业，关注的重点不是如何采取切实措施补救老化阶段的各种情况，而是关注谁造成了各种问题；把创造力放在内斗上，无暇顾及外部客户需求；随着业绩下滑，员工更加偏执。人员内耗、流失最终使企业陷入恶性循环，最终导致企业完全官僚化。

当企业成为完全官僚化的机构，就已经丧失了成果导向、创新、团队协作等优秀特质，徒有各类制度、程序。同时，官僚化企业会拒绝外界的信息，固守城池。这样的企业即使外表看起来再华丽也是徒有其表，摇摇欲坠，最终难逃破产的宿命。

第2节　企业成长的战略选择

一、企业战略管理

战略在军事中的应用可以追溯到数千年前，而将其应用于商业领域，形成一门学科则是近60年的事情。本书认为战略是一个组织长期的发展方向和范围，企业战略可以帮助企业在不断变化的环境中调整资源配置以保持竞争优势，进而实现利益相关者的期望。[①]

战略管理是一系列决定公司长期绩效的管理决策与行动，主要分为战略定位、战略选择及战略执行。

战略定位主要涉及内外部环境分析及利益相关者期望分析。内外部环境分析内容可以参考本书第二章第四小节。利益相关者通常包括资本市场利益相

[①] 张新国、陈敏、程志辉：《企业战略管理》，高等教育出版社，2015。

关者股东、银行、私人借贷者等；产品市场利益相关者包括供应商、消费者、工会、政府等；组织内部利益相关者包括管理者与被管理者。企业若想实现成长，必须考虑的问题是如何打造多赢局面，并用制度、机制将其落实。

战略执行主要包括战略组织、战略保障、战略变革三方面内容。战略组织是指为了贯彻、实现战略，企业对可支配的生产要素予以适当组织的行为，包括优化组织结构、组织流程、组织形态及内部关系。战略保障是指加强人员、信息、财务、技术及资源整合等方面的管理，以保障战略顺利实施的行为，否则"巧妇难为无米之炊"将成为企业常态。战略变革是指在竞争加剧、市场需求逐步转变、出现新市场机会的情势下，企业对自身进行必要和正确调整的行为。为此，企业需要学会诊断环境、了解风向以及掌握战略变革基本工具。

战略选择是一个复杂的决策过程，涉及公司层战略、业务层战略、战略发展方向与方法的选择，我们将在下面进行详细说明。

二、企业战略选择

战略选择即为企业选择一个合适的战略。在做选择时，管理人员应该尽可能多地列出方案，再进行适用性、可行性和可接受性评估，从而形成比较满意的方案。公司层战略、业务层战略、战略发展方向与方法的选择三个方面共同组成了企业战略选择。

（一）公司层战略选择

公司层战略关注的是公司的整体目标和活动范围，也被称作总体战略。它是高于业务部门的各级管理者关注的重点，决定公司各业务部门的资源分配。公司层战略主要包括方向战略、业务组合战略、培育战略。方向战略主要由成长战略、稳定战略及收缩战略三个相异战略组成。业务组合战略主要由波士顿矩阵、指导性政策矩阵组成。培育战略主要以培育矩阵、关联度矩阵为主要形式。本节第三部分将详细介绍最有利于新创企业发展的成长战略。

（二）业务层战略选择

业务层战略重点强调公司产品或服务在某个产业所处细分市场中竞争地位的提高，又被称为"竞争战略"。

业务层战略包括竞争战略、合作战略和竞争合作战略。竞争战略主要包括成本领先战略、差异化战略以及集中化战略三大通用战略。合作战略的主要形式是战略联盟。战略联盟是指两个或两个以上公司或战略业务单位，为达到双赢而结成的伙伴关系，包括共同服务联盟、合资、许可证协议、价值链伙伴关系等类型。竞争合作战略是指企业间形成平等互惠的竞争与合作关系的战略，如海尔集团与日本三洋电机的关系就是一种典型的竞争合作关系，在合作中，双方均可获益。

（三）战略发展方向与方法

当具体面临战略选择时，路径主要有四种[1]：一是市场渗透策略，以现有产品拓展现有市场；二是市场开发战略，以现有产品攻占新市场；三是产品开发战略，以新产品进入现有市场；四是多元化战略，以新产品攻占新市场。

面对发展难题的企业需要对这四种可能进行深入细致的研究。实现上述路径的基本方法均包括三方面内容：内部开发、外部购买和联合开发。战略发展方向与方法的有机结合为业务战略的贯彻落实奠定了坚实基础。

三、企业的成长战略

随着企业规模的扩大和市场需求的变化，管理者需要解决企业如何进一步成长的问题，如下一步应选择哪些领域和行业，是通过内部积累还是通过外部收购来寻求增长，是以本身的技术还是市场作为考虑的基点和核心等[2]。企业的成长战略主要涉及业务的推展方向及其实现形式，下面将对成长战略下的两大类战略分别做介绍。

---

[1] 金占明：《战略管理：超竞争环境下的选择》，清华大学出版社，2016。
[2] 同上。

（一）一体化战略

从组织形式看，人们习惯把一体化简单理解为联合化，即将两个或两个以上原本分散的企业联合起来，组成一个统一的经济组织。[①]但需要强调的是，一体化应该是在生产过程或市场上有一定联系的企业的联合。一般来说，一体化通常指以下三种类型的生产经营活动。[②]

一是横向一体化，即开展与企业当前业务相互竞争或相互补充的活动。例如，一个生产罐装咖啡的企业为了拓展业务，收购了一个罐装果汁生产企业，两者相互竞争，同时扩大了企业的饮料市场份额。

二是后向一体化，即发展企业当前业务价值系统更前端的业务，即向企业输入端方向的业务延伸。[③]例如一家服装厂以前一直从布料厂购买布料，而现在与布料厂进行一定程度联合，让其专为自己提供布料，或者自己建立布料厂。

三是前向一体化，即发展企业当前业务价值系统更后端业务，即向企业输出端方向的业务延伸。[④]运输、销售、维修、深加工等都是围绕价值体系后端的活动。例如一家铝加工厂与一家购买其铝材制作门窗的厂家联合，这就属于前向一体化。

后向一体化与前向一体化统称为纵向一体化，即企业沿着现有业务上下游发展，形成供产、产销或供产销一体化的行为，在同一产业中扩大公司的竞争范围。一体化总体上利于节约成本、保证上下游的稳定、实现规模效应，但联合后的管理效率、复合风险是需要企业在实施一体化前仔细考量的。

实现一体化成长的方式是多种多样的，例如内部开发、合并和收购等。

收购是便于一个公司以最快速度进入新产品或市场领域的方法。当企业缺少内部开发必要资源时，收购便是最好的选择。但收购面临的障碍之一是新企业缺乏融入原企业中的能力，当两个企业具有不同文化，尤其属于不同国家、民族时，容易发生文化冲突，需要管理者多加留心关注。

[①] 金占明：《战略管理：超竞争环境下的选择》，清华大学出版社，2016。
[②③④] 同上。

本书中，我们讨论的合并仅是狭义上的联合式合并，即两个企业既不是直接竞争对手，也不在同一价值链上。合并强调两个企业自愿结合在一起，获得协同效应、规模效益，而收购更多是一方主动、一方被动的产物。

（二）多元化战略

多元化是指企业在现有业务基础上增加新业务的行动，又被称为多样化、多角化、多种经营。多元化按新旧业务之间有无相似性可分为相关多元化与非相关多元化。[①]

1. 相关多元化。当新旧业务在技术和工艺上有相似性时，我们称之为同心多元化，如生产冰箱的企业发展空调、冰柜等业务；当新旧业务在市场和营销技巧上有相似性时，我们称之为水平多元化，如照相机厂发展胶片、打印机等产品。

2. 非相关多元化。即新旧业务之间没有明显相似性，我们称之为混合多元化、复合多元化等，如食品加工厂兼营服装、首饰等业务，这些新业务与原业务在技术和工艺、市场和营销方面均无相似性。

企业想要采用多元化战略，可以采用三种基本方式：内部开发、收购及兼并。内部开发是指企业通过创新进入新市场，如果成功，会获得较大收益，但失败的风险较高，即使开始进入新市场，可能很多年后才能收支相抵，开始获利。而收购和兼并是实现多元化较快的方式，且风险相对较低。

第3节　商业模式选择

一、商业模式选择

为了更好实现企业战略，选择适合的商业模式至关重要。商业模式是战

---

① 李敬：《多元化战略》，复旦大学出版社，2002。

略的核心要素。选择商业模式应遵循一定的原则。[①]

一是客户价值最大化原则。能使客户价值最大化的商业模式，即使暂时不能盈利，最终也会扭亏为盈；相反，不能满足客户价值的商业模式即使盈利也是暂时的、无法持续的。

二是持续盈利原则。这是判断商业模式成功与否的唯一外在标准，既要盈利，又要具有可持续性。

三是资源整合原则。一方面，通过组织协调把企业内部相关职能与企业外部合作伙伴整合为一个客户服务系统，获得"1+1>2"的效果。另一方面，根据企业战略对企业资源进行重新分配，寻求资源配置与客户需求的最佳契合点，通过管理运作增加企业竞争优势。

四是创新原则。成功的商业模式可以是对原有模式的完全颠覆、创新，也可以是模式重组或对某一环节的改造，从而为客户提供特殊价值。

五是融资有效原则。企业生存、发展均需要资金，解决资金问题有助于企业掌握经营主动权，避开发展瓶颈。

六是管理高效原则。解决系统协同、计划、组织和约束问题，制定科学的奖励激励方案，提升企业运营与管理水平，助力企业成长。

七是风险控制原则。商业模式必须考虑风险抵御能力，包括内部产品、人力、资金等风险以及外部政策、法律变化等风险。

选择商业模式的方法通常包括参照法、相关分析法以及关键因素法。

参照法是以国内外商业模式为参照，根据本企业实际情况进行调整，进而确定商业模式。使用参照法时，企业根据自身内外部环境、战略、技术、规模等进行调整和改进是最为关键之处，要在借鉴的基础上探索出具有本企业特色的商业模式。我国最早的互联网企业大多数参照了外国成熟企业的商业模式，如当当网是国内最早模仿亚马逊商业模式的企业，而易趣模仿 eBay（易贝）成立了国内首个 C2C（从客户到客户）网络交易平台。

相关分析法是指在分析商业模式时，将与商业模式相关的影响因素——

[①] 王涛、顾新：《创新与创业管理》，清华大学出版社，2017。

对应分析，确定企业商业模式。[①]利用这一方法，企业可以找出相关因素间规律性的联系，研究如何降低成本以达到价值创造的目的。如亚马逊通过分析传统书店，最后选择了在网络上开办电子书店的模式。

关键因素法是以关键因素作为依据来确定商业模式的方法。[②]管理者需要做到识别所有关键因素，包括影响商业模式的因素以及模式内不同环节的关键因素，明确各因素间的性能指标和评估标准，进而制定商业模式的实施计划。

二、商业模式创新

商业模式创新是指企业价值创造基本逻辑的变化，即把新的商业模式引入原有的体系。[③]其实质是帮助企业与消费者更好地沟通，向消费者传递价值，帮助企业创造独特的、最大程度的价值。企业在发展成长的过程中，要不断创新、调整，以寻找适合的商业模式促进自身发展。商业模式创新可能在构成要素方面不同于以往，也可能在要素间关系或动力机制方面不同于以往。

商业模式创新的动力有以下两点：一是商业环境变化，企业为了保证竞争优势，必须适应动态的商业环境，从而进行商业模式创新；二是技术发展的需要，商业模式创新早期发展最主要的动力就是以互联网技术为代表的新技术。企业面对突破性技术的出现，在原有商业模式中将其市场化是不可行的，必须进行商业模式的创新。市场机会的拉动、竞争的压力也会驱动企业进行商业模式创新，尤其在市场不景气时，抓住并合理利用危机提供的机会更易使企业在特殊时期取得成功。

商业模式创新与本书第五章第二节《商业模式的建立》的基本逻辑是相同的，针对新时代现状的创新可以参考以下方法论。[④]

一是用创新思维打造商业模式。通过创新思维引领时代潮流的成功案例数不胜数，如腾讯在 21 世纪初，就勇当互联网时代的弄潮儿，敏锐地发现互

---

① 杨依廷、单成娟：《大学生创新创业指导教程》，天津科学技术出版社，2017。
② 同上。
③ 白语菲：《商业模式创新浅析》，《现代商业》2018 年第 11 期。
④ 乔为国：《商业模式创新》，上海远东出版社，2009。

联网对人们生活方式带来的巨大变化，由此切入市场，通过免费、稳定的基础服务占据市场，并通过增值服务获得盈利。而站在"互联网＋"的风口上，弱化所有权、强调使用权的共享经济模式也是创新思维的突破点之一，滴滴便是利用了这个思维，建立共享平台，进行资源重新配置与优化利用，从而获利。此外，针对万物互联、云计算、大数据等新技术，如何合理利用、突破原有业务模式、解决用户痛点也是值得思考、创新的方向。

二是在基本行业规则中找到商业模式创新点。二手车交易平台 273 公司的出现就是找准了行业中的创新点，发现了二手车市场信息不对称、劣币驱逐良币、交易效率低下的现象，创新性地搭建平台并引入第三方进行车况鉴定、定价与资金托管，为买卖双方提供真实信息及便利的服务，促进交易达成并获利。针对行业特点，发现其中可以调整的业务环节，是找到商业模式创新点的一个重要方面。

三是利用自身的资源与能力优化商业模式。彩生活服务集团以物业服务为基础，充分利用旗下金融服务、养生养老、文化旅游等资源，重新审视传统物业，保留优势，将实体社区转变为基于大数据的互联网平台，成功转型升级。在新时代，商业模式可以有各种颠覆性的变化，但创业者还是需要回归经营本质，利用自身长处提升效能，最大程度地为客户创造价值。

三、常见商业模式

（一）轻重资产商业模式

1. 重资产商业模式。对于一个企业或者一项投资而言，需要占用大量资金的部分属于重资产，通常包括厂房、设备、原材料等。重资产企业主要指的是传统的制造型企业，通常有专业化的能力和雄厚的资源，财务负担重是其最大的特点。重资产商业模式中比较典型的是直供商业模式、联销体商业模式和专卖式商业模式。[1]

（1）直供商业模式。[2]这是一种生产者将产品直接销售给消费者的模式，

---

① 陈明、余来文、温著彬：《商业模式：创业的视角》，厦门大学出版社，2011。
② 同上。

主要应用在一些市场半径比较小、产品价格比较低、利润占比相对较大、公司资本实力深厚的企业。直供商业模式需要制造商具有强大的执行力，现金流状况良好，市场稳固，产品流动快。在我国各地市场迥异、渠道复杂的情况下，较少行业会选择这一模式，但利润较为丰厚的行业如白酒行业，很多公司会采取这一模式。

（2）联销体商业模式。[①]在当前经销商良莠不齐的市场状况下，很多制造商与经销商为了降低风险，双方分别出资，成立联销体机构。这种联销体可以使双方均有收益，经销商降低了市场风险，制造商也获得了较好的销售渠道，互相为长期的发展保驾护航。如格力空调作为行业巨头，选择了与区域性代理商合资成立公司共同运营市场，取得了较好的业绩。

（3）专卖式商业模式。[②]随着中国市场渠道终端资源越来越稀缺，越来越多的中国消费品企业选择专卖形式的商业模式，[③]如 TCL 幸福树专卖系统、蒙牛的专卖店加盟计划等。通常具有较好品牌基础、产品线较全且符合当地消费者习惯的企业较为适合专卖式商业模式。

2.轻资产商业模式。轻资产商业模式是一种低财务投入、小资产规模、轻资产形态、重知识运用及品牌开放、高投资回报的企业发展模式。这一模式的特征有：一是低固定资产投入；二是业务范围集中，集中精力经营价值链条中最有价值的部分，外包其他环节，打造共同获利的关系网络；三是可复制、易重组，整合资源较为灵活。轻资产商业模式中较常见的模式有三种。

（1）品牌型商业模式。这种商业模式将打造自身品牌作为企业核心业务，重点关注市场分析、市场预测、产品或服务开发、品牌塑造等，选择其他合作伙伴承担生产、销售环节业务，美特斯·邦威就是使用这一模式的典型企业。但是品牌价值是无形的，长胜并不容易，需要适时调整。

（2）知识产权型商业模式。这类商业模式的核心是把企业所掌握的知识

---

① 陈明、余来文、温著彬：《商业模式：创业的视角》，厦门大学出版社，2011。

② 同上。

③ MBA 智库百科：《商业模式》，https://wiki.mbalib.com/wiki/ 商业模式，访问日期：2020 年 4 月 27 日。

产权作为一种资源，转让其使用权来获得利益或从销售中分成，而不分担销售渠道建设和营销费用等。典型企业包括微软、同仁堂等。

（3）外部环节内部化商业模式。这一商业模式是指企业将非核心环节业务的合作企业以不同价值回报形式纳入企业整体范围，打造利益共同体，增强合作的黏合度，用较少的资产投入获得稳定的价值链上下游支持。

（二）互联网商业模式

互联网给人类社会带来的是一场信息革命，信息激增的同时，信息载体也发生了巨大变化——更加无形、不易察觉。互联网作为载体，比以往任何一种有形载体都更容易实现，因此依托互联网创新商业模式的创业是当前的趋势之一。目前企业较为热衷的互联网商业模式主要有四种，分别是直接销售商业模式、中间平台商业模式、增值收费商业模式及三方市场商业模式。[①]

1. 以当当网、凡客诚品为代表的直接销售模式。这种模式往往有独立的销售平台，主要依靠销售商品或服务盈利，销售的既可以是实物商品，也可以是数字商品。在互联网时代，线上直接销售的出现，解决了实体店铺经营成本偏高、零售利润下滑的问题。线上销售因成本低、容量大、品种越多长尾效应收益越大，对传统零售业造成了巨大打击。

2. 以阿里巴巴为代表的中间平台商业模式。这种模式为买卖双方提供交易平台，主要依靠会员费、佣金、广告费等方式盈利。不论是企业与企业还是企业与客户在虚拟空间交易，买卖双方可以突破时间与空间的限制，便利、快捷地完成交易，大大降低双方交易成本。这一模式为双方均创造了价值。

3. 以腾讯 QQ 为代表的增值收费商业模式。这种模式通过基础服务免费、增值服务收费实现盈利。此模式需要在提供基础服务给新用户的边际成本几乎可以忽略不计的情况下，通过扩大用户数获得更多的增值服务费用，从而盈利。

4. 以百度、优酷网为代表的三方市场商业模式。此模式通过免费的信息、网络工具等吸引用户关注，以此作为吸引广告投放的基础，将广告收费作为经济主要来源。门户网站的"注意力眼球经济"就是典型案例。

---

① 罗珉、李亮宇：《互联网时代的商业模式创新：价值创造视角》，《中国工业经济》2015 年第 1 期。

值得注意的是，上述四种商业模式相互之间并非水火不容，往往一家互联网企业会同时采用多种模式。原则上讲，当用户基数足够大时，就可以采取三方市场模式获得可观的广告收益，如新浪微博、淘宝等。

（三）云计算商业模式

近年来，云计算技术越发成熟，云计算商业模式被越来越多的企业选择。云计算商业模式是利用云计算特点而造就的区别于普通网络服务的商业模式，是一种对信息资源的集中式管理，给用户提供同一使用方法或服务，用户按需使用、付费。当前较为常见的四种云计算商业模式分别是以社区为特点的云、以业务为区分的云、基础性网络服务以及电子交易市场。

1. 以社区为特点的云。此类云主要提供社区性云服务，如微博、城区网上商业群等。未来的云计算将为用户提供更广泛的社区类云服务。

2. 以业务为区分的云。不同应用领域将诞生不同类型的云，如在线 ERP（企业资源计划）服务等。未来将有更多的行业软件服务出现。

3. 基础性网络服务。如文档的存储管理、搜索引擎服务等。加入云计算后，基础服务将充分挖掘用户需求，据此做到精准广告投放等，形成优质的云计算商业模式。

4. 电子交易市场。如淘宝网、苹果应用商店等都取得了巨大成功。这类平台除了服务于基础交易，还会为用户的资金、商品提供一定的管理手段，是未来最重要的云计算商业模式之一。

第 4 节　创业风险预防与危机管理

一、创业风险含义与分类

创业风险是指由于创业环境的不确定性，创业机会与创业企业的复杂性，创业者、创业团队与创业投资者的能力与实力的有限性，导致创业活动偏离预期目标的可能性及后果。[①]

创业风险有以下较为常见的分类方式：

第一，以创业过程为标准，可以相应分为创业初期的风险、发展期的风险、成熟期的风险。创业初期的风险包括创业项目选择盲目、缺乏创业技巧和社会资源等，其中最大的风险是资金风险，资金匮乏易导致现金流断裂，可能使企业在婴儿期夭折。在企业发展期，有可能遇到管理风险、竞争风险、创业者分歧等创业风险，这些因素可能会导致创业前功尽弃。成熟期的风险主要有核心竞争力缺乏导致企业持续发展驱动力不足，以及人才流失使得企业内部不稳定。

第二，以风险内容为标准，可分为技术风险、市场风险、政治风险、管理风险、生产风险和经济风险。技术风险和市场风险分别指由于技术方面和市场状况的不确定而导致创业过程遭受损失的可能性。政治风险是指由于政策、战争、国际关系变化等导致的风险。管理风险是指因新创企业管理不善而产生的风险。生产风险是指新创企业提供的产品或服务从小批试制到大批生产过程中产生的风险。经济风险是指由于宏观经济环境发生大幅度波动或调整而产生损失的可能性。

第三，以风险对投入资金影响程度为标准，可分为安全性风险、收益性风险和流动性风险。安全性风险是指投资方财产蒙受损失的可能性。收益性风险是指新创企业预期实际收益有损失的可能性。流动性风险是指资金不能按期转移或支付，使投资方蒙受损失的可能性。

二、创业风险预防

新创企业不能因为畏惧风险错失良机，也不能为了收益忽视风险，而是需要提前做好风险预防，防患于未然，具体可以借鉴以下策略。[②]

① 杨隽萍、于晓宇、陶向明：《社会网络、先前经验与创业风险识别》，《管理科学学报》2017年第 5 期。
② 李维安、戴文涛：《公司治理、内部控制、风险管理的关系框架——基于战略管理视角》，《审计与经济研究》2013 年第 4 期。

第一，强化内部控制。内部控制主要是一个规范企业经营活动的过程，可以有效从源头预防风险。可从三个角度入手，分别是控制环境、控制活动以及信息沟通。控制环境包括控制企业文化、组织结构、人事政策等内部环境，以及控制外部环境。控制活动具体可以采用交易授权、职责细分、凭证留存、实物控制、独立检查等方式。信息沟通主要是管理者对企业财务、产品等状况有所了解，将风险保持在可控范围内。

第二，加强内部审计。内部审计是企业自我评价的一种活动，设立独立部门，客观、公正地对企业风险进行识别，协助管理者发现企业的问题，利于对风险的预测、防范。

第三，建立健全法律风险防范机制。在当今的法治社会，如何避免他人恶意侵害以及避免自身无知犯法至关重要。创业者首先要培养自身法律意识，了解创业领域的相关法律，密切关注新立法事项，依法经营；同时应该设立专业人员及部门处理法律事务、健全企业法律总顾问制度。

三、危机管理

在当前人人都是自媒体的时代，信息传播渠道广、速度快，舆论威力惊人。企业正面、负面的报道，都会对其形象产生重大影响，公关的重要性不言而喻。当危机出现时，除了内部需要尽快纠正、调整，外部危机公关方面更需要积极行动。公关需要事先准备，及时反应。著名风险投资人马克·苏斯特曾在多个场合提及 10 条极具价值的公关经验：[①]

第一，你自己不讲清楚的事情，最终别人会帮你讲清。媒体为了博取关注都会挖掘更深层次的真相。某些情况下，企业可以利用这一特点，借助别人之口引导舆论，说出故事，这样影响力会更大。

第二，看清你的客户会在多大程度上受目前局面影响。企业在发展中可能会遇到多次危机，但并不是每一次都需要进行公众处理，这就需要考量对品牌、合作伙伴和客户的负面效应的影响程度。然而在必须公关处理的问题

---

① 郭惠民：《危机管理的公关之道》，复旦大学出版社，2006。

上，企业要勇于承认错误、及时改正。此种做法，可以改善企业形象，纠正舆论导向。

第三，不要掩盖坏消息。掩盖不利的事实可能会使局面变得更加糟糕，及时告知客户、合作伙伴甚至公众可能出现的问题，是负责且有道德的商业行为，能够先一步树立良好形象，增进信任。

第四，切勿指责媒体。面对媒体报道出现新闻失实的情况，企业要做的不是空口否认和指责，而是公告真实情况，并且对大众的关注做出善意回应，寻找其他的媒体途径来叙述真实版本的故事。要把握舆论引导的重点，做好正面宣传，而不是去和媒体吵架。

第五，注意传达关键信息。企业想要拥有一定的影响力，在公开场合的每段发声都应传达企业的核心理念和文化宗旨，以传输价值取向，展现品牌优势，进而引领行业新潮，影响市场走向。

第六，别上敌人的当。新创公司很有可能会遭到同行的舆论攻击。面对恶意抹黑，企业应严正回应，加强自身宣传，传播自身正面价值观，有风度地进行回应。

第七，寻找可靠的导师。无论是在人力、财务还是销售方面，新创公司通常缺乏经验，若有经验丰富的导师指点迷津，企业发展会顺利许多。同样，拥有媒体界的朋友，对企业形象的树立是非常有益的。

第八，尽早接触媒体。很多新创企业只有在宣传的重要节点才会想到与媒体接触，这不利于外界对企业的了解。企业应尽早与媒体接触，努力与媒体保持良好的关系，使媒体对企业有深层次的了解和较好的印象，从而使其在报道中无形引导有利于企业的舆论。

第九，接受媒体应对训练。有效的媒体应对训练可以帮助创业者、管理人员成为优秀的发言人。优秀的发言人表达清晰、有逻辑，可掌控访谈话题走向，发言有重点而又有引导性。

第十，预备公关战略。企业要提前准备好公关战略，并使其持续性地发挥作用，为企业化险为夷或锦上添花。

第5节　新创企业的成长

一、新创企业的成长管理

新创企业的成长管理是指创业者基于对新创企业未来发展的规划，对创业期形成的业务模式进行的一种过渡性、规范性管理的行为与过程。[①]在新创企业创立初期，整个企业以创新理念为主导，而在成长阶段，新创企业需要转变理念，更加重视企业控制，将强化原有业务模式作为核心。创新与控制的统一是新创企业成长管理需要遵循的重要原则。

新创企业成长管理通常围绕资源重新配置来进行，主要包括以下五个方面：

一是目标管理明晰化。成长阶段的新创企业需要对战略目标、市场定位、竞争战略等都有更清晰的界定，再将其逐步分解为各部门、各员工目标，使上下目标协调统一，合力实现企业总目标。二是组织结构规范化。成长阶段的新创企业需要将组织结构规范化，明确部门职能，制定企业规章制度等，从而进一步规范员工行为，提高工作效率。三是制定决策程序化。成长阶段的新创企业应对创立阶段临时、非结构化的决策进行总结归纳，最终形成程序化流程，便于日后高质高效地解决问题。四是生产运作标准化。创业阶段通常已形成了产品或服务生产运作的方案，但还不成体系，也不规范。在成长阶段，新创企业需要根据原有经验制定一系列生产运作标准，从而规范人员操作及机器设备运用，提高生产效率。五是组织知识归核化。在创业阶段，新创企业积累的环境分析、资源整合、战略制定及运营经验等都是宝贵的财富。在成长阶段，新创企业需要通过知识的沉淀、归纳和创新等，将知识真正转变为企

[①] 聂元昆、王建中：《创业管理：新创企业管理理论与实务》，高等教育出版社，2011。

业的核心竞争力。

二、新创企业的成长模式

企业成长模式一般指基于企业结构发展变化的企业成长方向及方式。对于新创企业而言，依据所处阶段进行不同成长模式的选择至关重要。[①]

基于经营结构发展的成长模式，可以分为规模型成长、多角化成长、纵向成长与复合型成长。规模型成长是指提高产品产量，从而增加市场份额或开拓新市场的模式，这是最基本的成长模式，是所有新创企业最初都会选择的模式。多角化成长是指企业产品或服务跨一个以上产业经营的模式，常常是企业通过规模型成长奠定一定市场基础后，选择的进阶模式。纵向成长是指企业沿投入（或产出）方向扩张，通过实现相邻两个生产阶段的垂直一体化来扩展产业链，以期获得更大产业附加收入的模式。复合型成长是指同时向若干方向成长的模式，通常在企业较为成熟后会被选择。

基于组织结构发展的成长模式，包括分散化成长模式和集团化成长模式。分散化是指企业分散和裂解，企业在发展到一定程度后分化为若干小企业。企业规模较小有利于每位员工明确权责，感受到重视，工作积极性易被激发，也有利于企业作出灵敏的反应，快速占领市场。选择分散成长模式通常与企业技术特点、信息传递方式、企业文化息息相关，也与消费者口味多元化或市场细分相关。企业集团化是指企业与企业在发展时形成一种长期稳定的契约结构。企业集团通常分为纵向企业集团、横向企业集团、不同行业或纵横向均有的混合型企业集团。集团化通常伴随着企业业务拓展或者合力对抗风险、追求更高利润的诉求。

基于空间结构发展的成长模式，这一成长模式会形成跨地区甚至跨国企业。随着国际经济一体化趋势的发展，国际化经营成为许多企业的成长目标。跨国企业是现代企业的重要模式之一，也是新创企业进一步拓宽市场的成长模式之一。

[①] 郑冉冉：《成功创业研究》，上海三联书店，2005。

三、新创企业的成长驱动力

新创企业成长不仅需要考虑短期利益，还要着眼于企业的长远利益和发展。我们可以从技术、资本、市场和制度四个维度分析新创企业的成长驱动力。[①]

（一）技术进步推动新创企业成长

企业的核心竞争力需要技术的创新和不断进步作为支撑。新创企业除了要重视产品的研发，还应针对不同部门人员的需求，进行相应的技术培训，使员工保持对行业最新知识、最新技术的掌握。

（二）资本融合促进新创企业成长

在新创企业成长过程中，人力、物质、社会资本分别扮演着不同角色，共同推动企业成长。企业发展离不开人才的助力，如何引进、开发及留住人才是新创企业在成长之路上必须面对的问题。物质资本是企业发展的基本来源，企业新创期面对有限的物质来源，需要开源节流，将"好钢用在刀刃上"。新创企业应积极获取社会资本，不断地整合潜在或现实的资源，优化自身资源配置，提高竞争能力，促进企业成长。

（三）市场力量推动新创企业成长

企业与市场是两个相互施力的主体，企业试图引导市场，但市场拥有最终主导权。新创企业想要成长，需要精准的"市场眼光"，也要学会利用市场的力量。

（四）制度完善推动新创企业成长

企业制度的完善可大幅度提升企业管理效率，企业应不断调整组织结构、管理方式，完善制度细则，为自身的持续发展保驾护航。

资本为新创企业发展奠基，技术和制度保证了企业效率的不断提升，市场检验其竞争成果。技术、资本、市场和制度四个维度互补、协同，助推新创企业不断成长。

[①] 范盛:《企业持续成长的机理分析》,《商场现代化》2016 年第 13 期。

第 10 章 价值创造与可持续发展

第 1 节　创新中的知识管理

一、知识管理

（一）知识创造

《辞海》中，"创造"是指"做前所未有的事情"。"前所未有"强调某件事物是新颖的，是以前从未出现过的。因此知识创造就是指取得"前所未有"的新知识。知识创造的主体可能是个人，也可能是团队。对于新出现的问题或现有知识难以解决的问题，个体或团队借助创新性思维，自主创造形成解决办法，就构成了个人层次或团队层次上的知识创造。[①]

因此，知识创造的本质是获取新颖的知识，是将个人的灵感、直觉、经验等转化为新知识的过程。

（二）知识创新

《辞海》中，"创新"的解释为"抛开旧的，创造新的"。著名管理学家德鲁克认为，知识创新是赋予知识资源以新的创造财富能力的行为。这一观点强调要把新的知识资源应用于实践过程并使之产生经济价值。因此，知识创新

---

① 樊治平、李慎杰：《知识创造与知识创新的内涵及相互关系》，《东北大学学报（社会科学版）》2006 年第 2 期。

兼具新颖性和应用价值性的特征。

可以认为，知识创新就是指新概念、新思想、新知识的出现及其应用或商业化。一个新想法如果没有被开发、转化为产品或服务，或没有被商业化，就不能被称为知识创新。

（三）知识创造与知识创新的关系

在知识管理研究领域，知识创造与知识创新是两个极其重要的概念，二者既有联系又有区别。首先，知识创造是知识创新的前提。[①]知识创造是"新知识"产生的唯一途径，没有知识创造就谈不上新知识的应用，更谈不上知识创新。

其次，知识创新比知识创造多了一个重要环节——应用。知识创新强调新知识的应用，例如将新技术应用于企业的生产经营过程，以达到节省成本、增大利润的目的。而知识创造却未必面向于应用，只是强调借助科学研究产生新的知识。

最后，知识创新促进知识创造。在进行创新应用的过程中，若遇到尚不存在的知识，就需要创造新知识来解决所面临的问题。[②]

二、创新环境下知识管理的实现路径

近些年来，科学技术的飞速变革使得全球范围内的经济发展方式发生了巨大变化，国家、产业、企业之间的竞争也从传统意义上的要素竞争转变为新经济背景下的创新竞争。全球化的不断扩展也在国家、产业、企业之间营造了一种开放创新的环境。在开放创新的环境中，知识成为企业的首要资源，企业只有具有知识创新能力才有可能打造核心竞争力。

然而，新创企业由于成立时间较短，经验不足，又受自身资源有限性的制约，在开展业务时会面临各种困难。知识创造与创新成为新创企业生存与发展的关键。成功的创新活动是企业不断创造出市场认可的新产品和新服务、实

---

① 晏双生：《知识创造与知识创新的含义及其关系论》，《科学研究》2010 年第 8 期。
② 同上。

现企业价值、提高和拓展知识创造能力的过程。[①]在这个过程中，新创企业不仅需要使内部各种资源相互匹配，而且需要与外部其他企业合作，与企业所处的社会经济系统协调和配合，如此才能促成每次创新的实现，不断增强自身的核心竞争力，实现可持续发展。特别是对于高新技术领域的新创企业而言，技术的快速变革使得企业内部的创新活动往往呈现出专业性强、研发投入高、风险不确定等特征。因此，在开放创新的市场环境中，适应环境变化，重视知识创造能力的培养和提高，新创企业才能获得可持续发展。

第 2 节　知识产权与企业发展战略

新经济背景下，改革创新成为企业取得竞争优势、生存与发展的关键。创新活动与知识产权关系密切，对于创新活动的成果，企业可以通过法律途径寻求保护，也可以通过保密等其他途径获取排他独占权。[②]但在信息技术飞速发展及创新竞争日益激烈的今天，仅靠商业秘密途径进行保护是远远不够的。[③]由于创新主体的知识产权保护意识不断提升，竞争也更大程度地体现为知识产权方面的竞争。[④]对于新创企业而言，知识产权是一项重要的无形资源，它是新创企业维护创新、推动创新的重要手段之一。因此，新创企业要重视知识产权的保护，实现创新发展。[⑤]

---

① 王双：《我国高新技术企业知识管理模式研究》，《开发性金融研究》2019 年第 6 期。

② 胡翠平：《以知识产权保护来促进创新驱动发展战略实施对策的研究》，《河南科技》2017 年第 24 期。

③ 张瑞：《以知识产权质量提升经济发展核心竞争力》，《河南科技》2019 年第 24 期。

④ 杜娟、张敏、卢刚：《企业知识产权战略管理过程研究》，《中国集体经济》2019 年第 21 期。

⑤ 宋柳平：《企业创新发展的知识产权保护》，《民主与法制时报》2016 年第 6 期。

一、知识产权是衡量创新能力的重要标准

知识产权是人们就其智力劳动成果所依法享有的专有权利，包括专利权、著作权、商标权等。知识产权与知识创造、知识创新之间有着非常密切的关系。①如果一个企业知识创造与创新成果较多，则将拥有较多的知识产权。知识创造与创新成果的多少是衡量企业创新能力的主要指标。因此，知识产权是衡量企业创新能力的重要标准。②

二、知识产权是激发创新能力的重要途径

创新需要有相应的激励制度与保障体制在客观上为其提供有力的支持。而知识产权制度就为创新活动提供了法律上的支持和保护。③一方面，在知识产权法的保护下，产权所有人对其创新成果拥有独占权，进而取得创新成果投入实践后所带来的垄断性高收益；另一方面，知识产权法的保护也帮助产权所有人解决了困扰已久的侵权问题，产权所有人可以将更多的时间和精力投入知识创造与创新中，不断开发新技术新产品，进而促进所在企业以及整个行业的发展。

除了支持和保护，知识产权制度的另一个核心功能是激励。创新成果是由单位或个人创造出来的，知识产权制度使得单位或个人在法律上拥有智力成果的专属权，并可以借助知识产权制度将创新成果投入生产实践进而转化为经济价值。知识产权制度的规范性激励着单位或个人不断地从事创新活动，进而激发企业整体的创新活力。

---

① 赵星：《企业知识产权管理基本概念探析及其实践意义》，《科技促进发展》2019年第9期。

② 沈国兵：《影响中国企业创新发展因素的比较分析——基于全球生产网络与知识产权保护视角》，《人民论坛》2019年第34期。

③ 王艳红、张文军、伏颖：《企业知识产权运营与创新发展》，《科技与创新》2019年第16期。

第 3 节　创新与绩效

一、创新理论

创新是企业发展的动力。最早提出这一观点的是经济学家马克思，他认为"机器的发展则是使生产方式和生产关系革命化的因素之一"[①]。在此基础上，著名的政治经济学家约瑟夫·熊彼特从经济发展的视角，首次对创新进行了定义，认为"创新是生产体系中引入各种生产要素和生产条件的新的组合"；认为创新必然能创造出新的价值，并认为创新是一个过程，是个体企业家与社会惯性持续斗争的结果；企业家是创新的主体，是"经济发展的带头人"。为此，熊彼特也被称为"创新经济学之父"。除了马克思和熊彼特，美国管理学家迈克尔·波特在创新理论方面也做出了里程碑式的贡献。他在《国家竞争优势》一书中提出"创新驱动"的概念，并总结出产业竞争力的"钻石模型"。波特将宏观视角下的制度创新、国家创新体系构建与微观视角下的产学研等创新主体之间的配合进行融合，并肯定了创新驱动在实践中的有效性与可行性。

随着科学技术的迅速发展，创新对人类社会各方面的影响愈加深远，学者们对于创新和创新理论的研究也更加深入。他们大体上被划分为两个学派，即以索洛为主要代表的技术创新学派和以诺斯为代表的制度创新学派。[②]前者强调技术创新与技术扩散对经济发展具有重要的作用，并建立了技术创新周期

[①] 卡尔马·克思：《机器·自然力和科学的应用》，中国科学院自然科学史研究所译，人民出版社，1978。

[②] 孙耀华、窦志铭：《创新驱动发展理论研究述评与展望》，《特区经济》2020 年第 7 期。

等理论模型；后者以制度变革和形成为研究对象，将熊彼特的创新理论与制度理论相结合，强调制度变迁对推动科技进步和经济社会发展的重要作用。

近年来，各国学者们对创新理论的研究不断深化，研究对象已从国家、社会细化至某一产业、某一企业，研究方向也由创新资源重组向创新过程、创新成果转化等领域不断深化，[①]反映出创新已成为国家治理、经济社会发展与企业经营的一种理念和模式。

二、创新投入与绩效的关系

在经营管理过程中，企业会不断加大对资金和创新人员的投入，实现技术突破，获得创新成果，从而在市场上抢占先机，促使企业保持核心竞争力，获得长期发展的机会。[②]企业绩效是指企业在一定的时间内通过经营活动获得的经营收益。企业绩效水平较高，说明企业具有竞争优势且经营管理较完善；反之则说明企业的创新投入并未给企业带来竞争优势。[③]由此可见，加大创新投入有助于企业获得核心竞争优势，进而取得较好的绩效，实现企业的可持续发展。[④]

（一）创新投入对企业绩效的影响

创新是提升企业竞争力的强大引擎。对于新创企业而言，无论是技术层面的创新投入还是管理制度方面的创新投入，都能使得企业获得竞争优势。管理制度创新投入本质来源于技术创新投入，企业开发和配置技术资源实现技术创新后，必定会引起其在管理制度方面的重大变革。[⑤]具体而言，企业通过研

---

① 刘锦英：《技术创新与价值创新的关系状态：分离与融合》，《科学管理研究》2018 年第 6 期。

② 王秋菲、徐昕、秦爽：《高管激励、研发投入与企业绩效关系研究——基于软件与信息技术行业的数据》，《技术与创新管理》2020 年第 2 期。

③ 岑杰、陈力田：《元创新节奏、内部协时与企业绩效》，《管理评论》2019 年第 1 期。

④ 李梦雅、严太华：《风险投资、技术创新与企业绩效：影响机制及其实证检验》，《科研管理》2020 年第 7 期。

⑤ 魏新颖、王宏伟、徐海龙：《创新投入、创新环境与高技术产业绩效》，《中国科技论坛》2019 年第 11 期。

发活动进行技术革新，一方面可以开发新产品或者降低产品的生产成本，进而提升产品在市场中的竞争力；另一方面，也可以使企业率先发现并进入"蓝海"领域，找出新的利润增长点，提高企业业绩。[①]

企业的创新投入对企业的影响不仅仅体现在技术革新方面，而且体现在"吸收能力"方面。所谓"吸收能力"是指企业对外部的新知识、新价值等进行识别、学习和消化的过程。通过该过程，企业可以将外部知识应用于自身的运营。这种能力最初源自企业自身的知识水平，并且随着企业研发活动的开展而得到不断的提升。因此，创新投入的提高会促进企业提升吸收能力，帮助企业更好地识别和占领新市场，提高产品在市场中的竞争力，提升企业业绩。[②]

（二）创新投入与企业绩效的关系

创新投入与企业绩效的关系是一种滞后的正相关关系。[③]什么是正相关关系呢？是指在外部市场环境相对稳定的前提下，企业的创新投入强度越大，其绩效表现越良好。但由于创新投入具有支出金额巨大、不确定程度高、收益缓慢等特点，二者的这种正相关关系具有一定的滞后性。即对大多数企业而言，企业的创新投入与企业当年的绩效并不存在显著的相关关系；而在创新投入之后的一定时期，如在对企业创新进行投入两年后，这一创新投入与企业盈利能力、企业发展能力之间显现出较为显著的相关性。正是因为这种滞后性的普遍存在，所以新创企业要想通过创新投入获取自身竞争优势、实现可持续发展，在加大创新投入力度的同时，还需注重对知识的消化和积累，使其转化为对自身有用的知识资源，为未来继续开展创新活动打好基础。

① 田晓冉：《高新技术企业研发投入与企业成长性关系研究》，《广西质量监督导报》2019 年第 10 期。
② 解勇：《技术创新投入对企业财务绩效影响研究》，《科技创业月刊》2020 年第 1 期。
③ 王轶英：《高新技术企业研发投入与企业绩效的相关性研究》，硕士学位论文，辽宁大学，2018。

第4节　新常态与创新创业市场开发

一、新常态的四个特征

所谓"新"就是"有异于旧质";"常态"就是固有的状态。新常态就是不同以往的、相对稳定的状态。经济新常态就是人类对经济的认识从常态到非常态再到新常态的过程。[①]中国经济新常态有以下三个主要特点:

一是从高速增长转为中高速增长。在新常态的理念提出之前,我国 GDP(国内生产总值)一直保持着较快的增长速度。2014 年我国 GDP 增长速度为 7.4%,2015 年我国 GDP 增长速度为 7.3%。而自新常态理念提出后,国家经济发展由高速增长转为中速增长。[②]"十三五"期间,我国年均 GDP 增速一直未能突破 7%,2016 年 GDP 为 6.7%,2017 年 GDP 为 6.8%;2018 和 2019 年,GDP 增速均低于 2017 年,分别为 6.75% 和 5.95%;而 2020 年因受全球新冠疫情影响,GDP 增速下跌至 2.35%。为了应对外部复杂多变的经济趋势和国内人口老龄化的挑战,打破行政区划实现都市圈深度城市化、保护知识产权推动科技自主创新将作为"十四五"期间维持全要素生产率的政策双主线,而非拘泥于 GDP 的具体点位。[③]

二是经济结构不断调整。长期以来,我国的经济飞速发展,同时出现了许多问题。例如,区域发展不均衡、需求结构不合理等。[④]这些问题的根本原

[①] 罗世平:《民营企业在经济新常态下的管理创新分析》,《中国集体经济》2020 年第 3 期。

[②] 付雅梅:《供给侧改革对经济增长质量的影响机制研究》,硕士学位论文,西北大学,2019。

[③] 前海金控研究中心:"新金融研究 | 金融行业动态(2019 年 12 月上)",访问日期:2020 年 1 月 17 日,https://www.163.com/dy/article/F32AVAEH05158BFB.html.

[④] 俞俏萍:《经济均衡发展视野的"脱实向虚"治理》,《改革》2017 年第 4 期。

因在于经济结构不合理。为了解决这一根本问题，确保国民经济科学、稳定、健康发展，中国必须在保持经济增长的同时调整经济结构。调整经济结构并不意味着无视实体经济的发展。[1]相反，我们必须坚持以实体经济为基础，积极推动传统产业的技术现代化，提高劳动力素质，进而促进产业、技术和产品的创新，提高产品和服务的质量，提升中国产业在国际市场上的差异化竞争力。

2014 年起，我国经济发展出现了供给侧和需求侧不均衡的现象。例如，我国房地产行业在各地区出现有供给无需求、有需求无供给、低效供给抑制有效需求、不当需求破坏正当供给等问题。针对这些问题，我国提出了要深化经济体制改革，实现供给侧和需求侧的协调统一。新常态下经济体制改革的主要任务在于进行需求端和供给端的管理。在供给和需求的双层结构上，把工作重点放在通过刺激消费来拉动内需稳定生产上，借助增加公共投资和公共消费、扩张性财政政策、增加货币供应量等方式干预市场经济，促进供给端和需求端的平衡，实现我国国民经济的可持续发展。

三是从要素和投资驱动转为创新驱动。为了使新常态可持续地发展下去，必须实施创新驱动战略。过去，我们主要通过增加资源消耗实现高速增长；未来，我们要依靠技术创新来提高企业竞争力。所以，新常态的"常"就"常"在创新驱动上。

人工智能、云计算、大数据等信息技术的快速发展使得经济社会正在发生着日新月异的变化。在这样的背景下，无论是一个国家（或地区），还是一个企业，只有拥有知识产权和更多的专利，提高产品的科技含量，才能够实现市场预期，才有发展前景。因此，掌握最前沿的技术、促进科技创新，才是一个国家（或地区）、一个企业未来发展的关键。

二、创新创业市场开发

随着全球科技革命与产业变革的兴起，中国经济社会发展逐步转型，更加强调科技创新支撑、引领高质量发展的战略地位。数字化、网络化、智能化

---

① 齐骥歌、王满仓：《技术创新、金融体系与产业结构调整波及》，《改革》2012 年第 1 期。

快速发展，在数字时代，机器文明向生物文明演进，产业经济正在加速向数字世界、物理世界与生物世界整合的方向进军，科技与经济、社会、文化加速融合，为我们催生跨界创新提供了更重要的舞台。[①]

对于新创企业来说，"大众创业、万众创新"的市场环境的确为新创企业的建立与发展奠定了初步基础，[②]但与此同时，日趋激烈复杂的市场竞争使得新创企业也面临着更加严峻的挑战。新创企业想要拓宽市场范围、增加市场份额，谋求可持续发展，必须大力实施创新驱动发展战略。[③]为了推动市场开发，新创企业可从以下几方面努力：

（一）坚定创新思想，培养创新意识

纵观人类发展历史，创新是人类进步、社会发展的源泉与动力。无论是一个国家，还是一家企业，因循守旧、故步自封必然处于被动地位，甚至走向衰亡；而保持创新理念，不断开拓进取，就会处于主动地位，立于不败之地。比如，诺基亚曾是全世界手机行业的巨头，曾连续多年稳居欧洲上市公司市值榜单的前列，但由于设计理念陈旧、产品转型过慢等诸多原因，最终将设备与服务业务出售给微软，退出手机市场。

随着移动互联网、人工智能等信息技术逐步融入我们日常生活的方方面面，新创企业在市场开发中面临着全新的挑战。如何适应数字经济时代的新特征，开发出属于自己的"蓝海"市场尤为重要。虽然各个企业进行市场开发的策略各有不同，但可以肯定的是，要想在市场开发竞争中稳操胜券、保持优势，必须坚持不懈地创新与发展。

（二）开发创新产品和服务，注重品牌建设

优质的产品和服务是企业开拓市场、立足市场的根本。对于新创企业而

---

① 潘道远：《从技术变革到创意驱动：数字时代经济创新范式转换的文创机理》，《深圳大学学报（人文社会科学版）》2020 年第 4 期。

② 王舍、黄蕊：《"大众创业、万众创新"视角下中小企业参与创新创业途径研究》，《长春理工大学学报（社会科学版）》2019 年第 3 期。

③ 孙红文：《实施市场开发创新战略研究》，《现代经济信息》2018 年第 5 期。

言，从引入期走向成长期，开发新产品是提高市场份额的重要途径。因此，新创企业要想创新市场开发战略，首先要以市场为导向，以技术、产品创新为主体，坚持将稳定产品质量放在首位，不断优化服务，建设创新型企业。

同时，企业要注重自身品牌建设。品牌是一种名称、术语、标记、符号或设计，或是它们的组合运用，其存在的重要作用在于可使自身与竞争对手区分开来。品牌是企业在市场上保持独特性和差异性的关键。[①]品牌是一种无形资产，将其投入企业的生产经营可以给企业带来经济利益，因此，企业要采取科学的态度规划品牌建设，利用品牌这一重要资源实现企业的跨越式发展。

（三）培育创新型市场开发人才

知识经济时代，经济的核心和根本性的推动力量是知识资源。企业的一切活动，无论是技术研发、生产经营还是管理决策，本质上都是对知识的生产、使用或消费。而知识的创造主体是个人，企业的一切活动从根本上取决于各类、各层次人才。高级管理人才是企业科技创新战略的决策者；科技人才是企业科技创新的主体；经营性人才是企业创新成果市场化的主力军。除此之外，在市场开拓方面，市场开发人才的创造力、综合素质等是企业能否取得市场竞争优势的关键。因此，对于新创企业来说，企业还应培育一大批具有创新战略思维、具备跨文化沟通能力及全球化眼光的人才来强化市场，这将为企业取得竞争优势、走可持续发展道路提供有力保障。[②]

---

① 谢畅：《简析提升中小企业品牌的对策》，《中小企业管理与科技（上旬刊）》2019 年第 12 期。
② 覃文俊、王煜琴：《经济新常态下高技术技能人才培养供给侧改革研究》，《中国高校科技》2020 年第 6 期。

第 11 章　学会管理创新

第 1 节　建立管理创新思维

我们正处在一个瞬息万变的时代，新兴企业的发展之路上机遇与挑战并存。虽然目前我国创新创业生态链逐渐完善，众创空间、孵化器、加速器等社会型组织对创新创业有显著的帮扶作用，但是作为经营主体的企业"打铁还需自身硬"。企业要想在残酷的竞争中立于不败之地，就必须建立管理创新思维，在管理创新方面下大功夫。

一、增强管理创新意识，找准管理创新目标

企业管理创新，意识理念先行。好的理念是企业前进发展的指导，更是开启管理创新之门的前提。企业或团队的管理者要率先树立创新观念，并逐步扩大其影响力。在新时期的市场环境下，企业应采用积极主动的态度以适应激烈的市场竞争，并在管理理念创新的基础上不断优化企业发展模式。同时，企业要明确自身的定位和使命，意识到管理创新的重要性，科学地建立完善的组织结构体系，在加强员工培训的基础上，加大对创新创业的支持力度，从根本上实现管理创新能力的提高。

找准管理创新目标，明确企业发展方向。由于外部环境的不确定性与内部经营条件的不断变化，企业创新的可持续性会受到一定的挑战。所以，管理者在对企业管理模式进行定位的过程中，要加强对内外部环境的调研，明确企

业管理创新发展的目标与方向，注重创新创业目标导向作用的发挥，使企业管理与发展目标相匹配契合，实现以管理促进企业发展，以发展推动管理创新。管理者还需明确企业在市场中的角色，根据企业情况与外部环境来制定管理模式创新的阶段性目标，并及时做出调整。

二、探寻管理创新路径，重视管理人才培养

在当前经济发展处于新常态的环境下，竞争变得日益激烈。企业要想在竞争中获得优势，应在做好各项基本工作的同时，注意采用科学、有效的管理方式。管理者应紧密结合企业经营状况与外部环境的实际情况，选取科学的管理创新思路，同时，根据具体条件的变化，对管理创新路径进行有针对性的优化，进而提升企业的核心竞争力。常见的企业经营模式有专业化经营、相关多元化经营、寻找市场空隙经营、品牌经营、联合经营、特色经营、特许经营等。管理者需要仔细研究上述各种经营方式的特点以及它们的优势与劣势，取长补短，探寻出符合自身情况的最佳管理创新方式，并对现阶段企业管理过程中暴露出的短板进行切实有效的创新，以赢得企业竞争优势。

企业管理创新的优化，人才是重要推动力。制定长远的人才战略将有助于企业吸引和集聚各类人才，增加其实现管理创新优化的可能性。在企业开启管理创新之门的过程中，创新人才的支持将起到至关重要的作用。"一年之计，莫如树谷；十年之计，莫如树木；终身之计，莫如树人。"创新是引领发展的第一动力，创新驱动实质上是人才驱动。因此，企业要加大对创新管理人才的引进力度，就要做到以产引才、精准引才。同时，企业要更加重视管理创新人才的培养，加强人才梯队建设，不断提高企业的管理创新能力。

三、提升知识管理能力，协调利用社会资源

随着知识经济的到来，人类社会已经进入到需要依托知识资源在市场中获得优势的新经济时代。对企业的管理创新而言，知识的有效管理是不断获取新思路、了解外部环境的重要举措。知识的累积与转移，能为企业创新活动的持续更新投入要素。管理者知识管理能力的提高，对企业管理创新能力的发展

起到巨大的推动作用。因此，管理者应重视知识管理，不断提升自身知识创新能力、知识转移能力和知识应用能力。

企业家社会资本是指企业家能够调动关系网络中的社会资源。从企业家社会资本的角度出发，影响企业管理自主创新的三个维度分别是关系网络、社会资源与机会策略。姜卫韬通过研究发现，企业家在提升创新能力时，可采取"补洞策略""寻洞策略"以及"析洞策略"。[1]补洞策略是指企业家应弥补自身的结构洞，加强人际交往，使自身与同行业间成员的联系紧密化，形成集群创新优势。寻洞策略是指企业家应在加以区分补洞策略的基础上，结交各层次、各领域、各背景的人，保持一定的社交差异化，进而持续获得新思路，以促进创新能力的不断提升。析洞策略是指企业家需要对关系的维护与发展做到有的放矢，采取不同策略建立相关关系，并在此过程中提升创新能力。因此，企业管理者对社会资本的利用，是其获取更多资源与发展思路的良方，对持续提高管理创新能力具有重要作用。

企业管理创新之路注定荆棘丛生。古语有言："靡不有初，鲜克有终。"创业者应建立管理创新思维，在企业不同的发展阶段及时转换自身角色，平衡好日常管理与战略管理之间关系，开拓独具特色的管理创新模式。我们相信，擅于管理创新的企业拥有无限活力，擅于管理创新的企业才有可能在残酷的市场竞争中实现可持续发展。

---

[1] 姜卫韬：《中小企业自主创新能力提升策略研究——基于企业家社会资本的视角》，《中国工业经济》2012 年第 6 期。

第 2 节　管理创新与创业者的关联

创业者在走上创业之路时，就开始了角色的转变。创业是一个系统性的工程，创业者需要学会管理创新。同时，创业者的职能和角色往往会随着企业的创新活动而发生转变，因此，创业者更应识别自身角色的转变。换言之，创业者在管理创新创业活动时，应明确地融合创业者和战略家的角色，只有有效地融合两者的角色，才能更好地优化资源配置，提升企业的竞争优势和能力，实现可持续发展。

一、管理创新

随着时间的推移，管理创新——即实施新的管理实践、流程和结构，极大地改变了组织中许多职能和工作方式。现代商业组织中的许多管理实践、流程和结构都是由过去的管理创新者努力发展起来的。从福特汽车于 1913 年推出移动式装配生产线到 1924 年西电公司发明统计质量控制，再到丰田汽车和其他日本公司发起的质量革命，以及后来摩托罗拉提出的六西格玛方法等，都是前人为管理创新做出的努力。[1]这些经验提醒我们，当前的工作方式没有什么是不可改变的。管理创新一直在进行，不管有多少次失败，只要有一次成功，就建立了新的里程碑。随着时间的推移，最有价值的创新被其他组织模仿，并扩散到整个行业和国家。事实上，作为一个整体，管理创新对推动经济和社会进步的重要性可能不亚于技术创新。

---

[1] 何桢、韩亚娟、张敏：《企业管理创新、整合与精益六西格玛实施研究》，《科学学与科学技术管理》2008 年第 2 期。

"问渠那得清如许，为有源头活水来。"管理创新的实现首先倚仗于企业家本人保持活跃的可变性思维。

二、创业者角色转换

在创业初期以及企业成长过程中，创业者的特质与能力对企业的健康发展起着重要作用。例如，对环境的敏锐洞察力有利于创业者识别和抓住创业机会，以便确定未来的发展方向；其推动变革的能力可以促使企业保持高速成长；其人格魅力和领导能力可以吸引优秀人才加盟共谋发展。但是，当企业发展到成熟阶段，若创业者仍然仅依靠这些特质和能力，企业发展便会受到一定的局限。因此，创业者应不断提升自我素质，在企业发展的不同阶段做好不同的角色转换。

首先，要做战略家而非集权者。在企业成长过程中，创业者需要统揽全局，平衡各方面的关系，以保持企业的整体性和统一性。在这一过程中，创业者可能形成了重视企业整体而忽视专业管理并集各种权力于一身的倾向和习惯。创业的最初成功往往使创业者相信自己具有控制整个企业并进行各种决策的能力。这也使得企业家往往更轻视职业管理者，如市场营销、财务、人力资源管理者的作用，从而导致专业管理人员在熟悉的专业领域不能发挥作用，不利于企业的稳定和发展。因此，创业者必须通过授权，使各专业管理部门和人员发挥特长。也就是说，创业者要从事必躬亲的集权者角色向确定企业发展目标与业务方向、给下属放权的战略家角色进行转换。

其次，要做成熟的变革推动者。企业中持续的变革十分重要，但创业者对变革的热情常常比企业内其他利益相关者更大。在创业者乐此不疲地积极寻找推动企业的方式时，投资者和企业员工可能在想办法巩固已有的行业和市场地位，保持稳定。创业者可能依然青睐于高风险、高成长的潜力项目，而投资者、管理层和员工可能更偏爱保险的投资项目。创业者想继续扩大战果，而其他人更想巩固战果。对于成熟企业来说，"坐江山"可能比"打江山"更加重要。创业者是依靠某种创新获得成功的，但是，在创新的具体方式上可能并没有进一步创新。他们往往会复制过去成功的模式，将其应用于新的产品和行业之中。例如，有的企业依靠广告和人员推销打开产品销路并取得成功，在后续新产品的市场开拓中，企业往往重复这种"广告轰炸"和"人海战术"策略，对于市场调研、客户关系管理、质量管理等方面不予重视，结果可能导致原来的"法宝"全然失灵，企业迅速走向衰退。总之，创业者的管理方式在成熟企业中仍具有一定价值，全局观、推动变革的创新仍然可以发挥作用。但是，创业者一定要认识到管理成熟企业和管理高速成长的企业有所不同，要主动根据新的需要进行相应的转变和调整。

三、总裁生命周期理论

一位高管在任期内会经历以下五个阶段，分别是：对任务的回应阶段、实验阶段、固定主题的选择阶段、集合阶段、功能失调和机能障碍阶段。[1][2]

（一）对任务的回应阶段

总裁上任后，通常会将注意力和精力投入对董事会或前任总裁所授予的任务的回应上。这一命令通常是含蓄的、不是明确的，给新任总裁一个信息，涉及预期变化的幅度、方向和速度。任务可以是持续性、无变化的，也可以是戏剧性、变化的，例如削减成本、创新、全球扩张、解决诉讼等。在这一阶段中，总裁致力于发展前任总裁设定的目标。这一阶段的特征是总裁相对高的承诺、相对低的任务知识、使用相反的信息源、高的任务兴趣和低的权力。在这一阶段，注意力和行动将主要针对一个单一的任务。

（二）实验阶段

在专注于深入的任务、取得一些早期的成功，并获得政治立足点之后，总裁可能会开始一段时间的实验。我们之所以说"可能"，是因为这一阶段有时会被高管们绕过。他们坚信自己最初模式的正确性且乐于无限期地追求它。

---

① Donald C. Hambrick and Gregory D. S. Fukutomi, "The Seasons of A CEO's Tenure," *The Academy of Management Review* 16, no.4 (1991): 719-742.

② Paul Hersey and Kenneth Blanchard, "Life Cycle Theory of Leadership," *Training & Development Journal* 23, no.5 (1969): 26-34.

然而，如果在总裁的任期内出现了思想开放和创新，他们可能会放松对范式的承诺，尝试用新的方法来经营企业，通常会尝试用比他们任职初期更为多样的方法。

（三）固定主题的选择阶段

在第三个阶段，总裁倾向于选择一个主题，围绕这一主题，考虑组织应该如何配置和运行。此时，总裁可能会下意识地反思自己在任期前两个阶段尝试过的每一件事，围绕这一主题开始重塑自己的管理风格。他们可能会认为在第一阶段应用的初始管理方法最适合公司和自己的风格。或者他们可能会得出结论——在实验阶段使用的方法是最有效率的。总裁也可能会选择这两种方法的组合作为经营企业的模式。

（四）集合阶段

在选择了一个主题之后，总裁开始通过一系列渐进的行动来加强和巩固它。这些行动可能与结构、人员配备、流程或职能领域有关，但它们都有助于支持和集中总裁的主题。总裁对其管理范式的认知越来越强；自从其上任以来，任务知识有了很大的增长，已经达到了一个稳定的水平；接触到的信息越来越窄，越来越精准化；任务兴趣开始减弱。但首席执行官的权力相对较大，且仍在增加，最终达到极致，在高管任期的第五个即最后一个阶段得到了巩固。

（五）机能障碍阶段

在某种程度上，总裁持续任期的积极影响（主要是增加任务知识）被消极影响所抵消，对工作的精通让位于无聊、疲劳和习惯化策略。从表面上看，这些高管可能没有表现出这种错误的迹象，因为他们可能在保持高管形象方面已经被很好地社会化了。这些高管的持续任职对组织来说是不正常的。此时总裁将越来越少地参与实质性举措，更多地参与舒适的仪式。由于上述这些功能障碍，组织的适应性减弱了。研究发现，在总裁任职时间适中或短暂的公司，其环境—组织的一致性是可以观察到的；在总裁任职10年或更长时间的公司中，情况则完全不同。尽管此时总裁在心理上已经脱离，但权力却处于历史最高水平。在没有强制性退休规定的情况下，总裁离职的机会可能非常有限。对于这样的总裁来说，即使工作中的兴奋已经消失，但也不想放弃。因此，总裁任期的机能障碍阶段的持续时间有时可能相当长。

第 3 节　开启管理创新

一、管理创新阶段

企业的管理创新主要包含四个阶段，分别是：对现状不满的阶段，从其他来源获取灵感的阶段，发明阶段，内部和外部验证阶段。[1]内部和外部参与者在每个阶段扮演着不同的角色。

（一）对现状的不满阶段

管理创新解决的内部问题是对公司内部现状某种程度的不满。不满包括当前的问题、未来的威胁。不满意的来源各不相同，从恼人的操作问题到战略威胁，到迫在眉睫的危机。导致创新的最常见不满是战略威胁，这种威胁通过商业环境的变化或新竞争对手的出现开始形成。

（二）从其他来源获取灵感的阶段

尽管创新管理者渴望让他们的公司变得更好，但他们也需要灵感，比如在其他环境下奏效的例子、不同社会制度的类比或未经证实但有吸引力的新想法。新思想的来源代表了创新管理者的思维广度，这使他们能够走自己的路。管理创新的灵感不太可能来自公司当前所在的行业。大多数公司陷入了一种标杆管理和竞争对手观察的模式，这种模式导致了一个行业内高度趋同的境况。

---

[1] Julian Birkinshaw and Michael Mol, "How Management Innovation Happens," *MIT Sloan Management Review* 47, no. 4 (2006): 81-88.

管理创新者能够从其他来源获得灵感，为他们的组织开发一些全新的东西。灵感的其中一个来源是管理思想家和大师的想法。在某些情况下，更远的组织和社会系统也是灵感的来源。

（三）发明阶段

管理创新通常发生在可洞察、可识别的问题阶段。其中核心的阶段是发明阶段，是由对现状的不满（在公司内部）和来自他人的灵感（通常是在公司外部）结合而产生的。

发明可能是灵光一现的偶然发现，但这样的"发现时刻"在管理创新中是罕见的。管理创新者通常需要将问题的各种要素（即对现状的不满）与解决方案的各种要素（通常包括一些来自外部的灵感，加上对内部情况和背景的清晰理解）结合在一起。将这些要素组合在一起的过程往往是反复的、渐进的，不是突然的。

（四）内部和外部验证阶段

就像所有其他形式的创新一样，管理创新涉及了风险和不确定的回报，因此可能会遇到外界的抵制。在创新被付诸实践之前，不可能准确预测创新的收益是否会超过其成本。因此，管理创新者需要对他们的新想法进行验证。

虽然创新的想法得到外部各方的认可很重要，但更关键的一步，尤其在初期，是获得内部认可。组织内部需要一个明确的拥护者来推动创新向前发展，一个受人尊敬的高级执行发起人能够极大地提高创新的可信度。早期成功验证很重要，因为提供了创新合理性的证据。事实上，管理创新比技术创新更难验证，因为管理创新不太容易形成规则条款，需要许多人的自愿参与才能有效，往往要到实施几年后才能产生结果。管理创新者最初可能是一个杰出的"发明家"，需要建立一个支持性的联盟，将其"发明"带入组织。

管理创新过程的另一个显著特征是外部验证，外部验证的重要性与大多数管理创新的不确定性和模糊性有关。由于缺乏确凿的数据来证明某项创新正在发挥作用，公司的高管们经常寻求外部验证，以此来提高内部对创新的接受程度。验证过程通常也增加了竞争对手或其他行业公司对创新成果的可见性，这往往会进一步抑制创新。外部验证通常有四个来源。第一是高校的学者，这一群体通常是新兴管理创新的观察者，他们将所讨论的实践写入理论教材，用于学术研究和课堂教学。第二是咨询组织，其作用主要是对创新进行编码和记录，以便在其他环境中应用。第三是媒体组织，他们可以向广大受众传播创新的故事。第四是行业协会。这四个外部验证的来源并不相互排斥，一些广为人知的管理创新可以从多个来源获得验证。重要的一点是，外部验证有双重作用，既增加了其他公司试图采用所讨论的创新的可能性，也增加了本公司坚持创新的可能性。

二、提高管理创新能力

管理者应怎样提高公司的管理创新能力？有以下六个建议。[1]

第一，成为有意识的管理创新者。大多数企业都开发了某种功能来满足产品和服务创新的需求，无论是以技术研发实验室的形式，还是将创新的职责分配给组织中的个人。但是有多少企业能有意识地、有组织地促进管理创新呢？向组织宣传管理创新的重要性是成为管理创新者的第一步。

第二，创造一种质疑、解决问题的文化氛围。当员工在公司面临不寻常的问题或挑战时，他们是什么反应？他们是求助于已经被竞争对手认可的标准解决方案，还是更深入地研究问题，以新的方式看待问题，并开始探讨解决问题的新方法？只有后一条路可以引领公司走向管理创新，所以管理者应鼓励员工去审视未探索的问题，避免捷径。[2]

第三，从不同的环境寻找类比和范例。如果一家公司面临的问题是提高其工作弹性，那么尝试向一些使用弹性工作制的企业学习是有意义的。让员工接触不同类型的环境和不同的企业运营模式，可以让他们更易于做出新的选择。

---

[1] Christian Horn and Alexander Brem, "Strategic Directions on Innovation Management - A Conceptual Framework," *Management Research Review* 36, no. 10 (2013): 939−954.

[2] Gary Hamel, "The Why, What, and How of Management Innovation," *Harvard Business Review* 84, no. 2 (2006): 72−84.

第四，进行低风险实验。企业在鼓励个人和团队提出管理创新、解决日常流程冗余的问题时，可以尝试进行低风险的实验。在实验中，每一项创新都可以在有限的时间内用有限的人数进行测试。这确保了新的想法有机会得到实施，而不会削弱整个组织的运作。[①]

第五，利用外部变革推动者来探索新想法。尽管企业能够也应该自己管理创新过程，但有选择地利用外部人士，如学者、顾问、媒体组织和管理大师，有一定的作用和价值。外部人士主要履行三个角色：一是代表了来自不同背景的新想法和类比的来源，二是可以作为一个共鸣板来理解一个企业的新兴创新，三是可以帮助企业验证已经取得的成就。

第六，成为系列管理创新者。在管理创新方面，成功的公司不是那些创新过一次两次的公司，而是拥有多重成功的公司——系列管理创新者。持续的管理创新能力是公司的关键竞争力。对于那些具备持续管理创新能力的公司来说，潜在回报可能相当可观。

---

① Susanne G. Scott and Reginald A. Bruce, "Determinants of Innovative Behavior: A Path Model of Individual Innovation in the Workplace," *Academy of Management Journal* 37, no. 3 (1994): 580–607.